青春文庫

その英語
ネイティブは
ハラハラします

デイビッド・セイン

青春出版社

| Introduction | **はじめに** |

最近、「内向き志向」の人が増えていると言われます。
けれど、
「もはや内側を向いてばかりはいられない！」
と英会話の勉強をはじめ、
「とにかく日常会話なら、なんとか」というレベルに達
している人もかなり多いようです。

でも、そこで足踏みしてしまっている人は要注意！
舌足らず気味の日本人英語を、ネイティブはハラハラし
ながら聞いているのです。間違った英語を仕事で使って
しまい、誤解を招いてミスの原因になったり、相手を気
遣ったつもりがなぜかムッとされたり、いろいろ困った
羽目に陥ることに。
本書では、ちょっとした言葉使いの問題から、日本人の
苦手とする「冠詞」の問題、そして文化的な違いによる
コミュニケーションギャップの問題など、幅広い観点か
ら、「日本人にぜひ知っておいてもらいたい英語のツボ」
を押さえ、以下のような6つのパターンに分けてご紹介
しています。
英語にちょっぴり自信のある人も、まったく自信のない
人も、きっと納得していただけると思います。

003

はじめに

Part 1 | その英語、ネイティブにはイタすぎます

まずはネイティブに「爆笑」されてしまうパターン。言葉の使い間違いが、想像もしない「珍英語」になってしまっていることが！

たとえば「歯みがきしなさいよ」を、

Wash your teeth.

と言ってしまうと、ネイティブの頭には「入れ歯を洗う」イメージが。これはなぜ？（答は26ページ）

Part 2 | その英語、訴えられるかも !?

次は文化的な違いが招く問題です。もちろんひと口に欧米人と言っても、それぞれの考え方には個人差があり、必ずしも文化的ギャップにより問題が生じるとは限らないでしょう。ただ、やはり日本と欧米では根本的なマナーやものの考え方が違う点が多く、日本人のなにげないひと言に内心ちょっと驚いたり、「へぇ、日本ではそうなんだ」とギャップを感じる欧米人が多いのも事実。

たとえば酒の席で相手を気遣って、

Let me fill your glass.（お注ぎしましょう）

とたびたび言うと、相手はちょっとイラッとするかも。それはなぜ？　そんなときどうすればいいの？（答は46ページ）

国際舞台で活躍したい人にもぜひ知っておいてもらいたい内容を集めています。

004

Part 3｜その英語、ネイティブはハラハラします

日本人の英語はネイティブにはどんなふうに聞こえているの？

ちょっと気になりますよね。

たとえば来社予定の相手に「お待ちしてます」と言いたくて、

I'm waiting.

と言うと、相手はいい気はしないかも。どうして？（答は86ページ）

この章では日本人が間違えやすいミスを集め、それがネイティブに「どう聞こえているのか」を詳しく解説。

Part 4｜その"冠詞"、ネイティブはイラッときます

「『a、the、そして無冠詞』どんなときにどれを使うのか、どうも今ひとつわからない」という声をよく耳にします。

たとえば「（いつもの）新聞どこ？」と言いたいときは、次のどれが正解でしょう？（答は123ページ）

Where's a paper?

Where's the paper?

Where's paper?

「冠詞」というものが存在しない日本語を話す日本人にとって、冠詞が理解しがたいのは当然のこと。けれど基本さえ押さえれば、意外と簡単に理解できるのです。

ここではネイティブが日常会話で「どんな感覚で冠詞を

005

はじめに

使っているのか」について、徹底的に分析しています。
ここを読めばきっと、これまでの「？」が「！！」に変わるはずです。

Part 5｜そのカタカナ英語、ネイティブは泣きそうです

最後は「カタカナ英語」です。現在の日本語には、日本人が思っている以上にたくさんの「英語として使えないカタカナ英語」が入り込んでいます。それ自体は特に悪いことではないでしょうが、それをそのまま英語にしてしまうと、ミスコミュニケーションの原因に！
たとえば「キッチンをリフォームするつもりなんだ」と言うつもりで、
We're going to reform our kitchen.
と言うと、ネイティブは「そんなに人間関係が悪いのかな…」と心配するかも。（理由は153ページ）
ここを読めば、カタカナ英語に敏感になること請け合いです。

Part 6｜グローバル時代の最新・英語事情

もしかして、世界をリードしているのはアメリカだと思っていませんか？
いいえ、そんなことはありません。実は日常的な「ある分野」で世界の流れと逆行し、遅れをとっています！
アメリカの「意外な素顔」をご紹介しましょう。

異文化コミュニケーションにおいては、誤解を恐れず積極的に話すことがもっとも大切なのは言うまでもありません。

けれど日本語を上手に話す外国人を見ると、「すごいなぁ」と思い、思わずいろいろ話してみたくなるのでは？

それと同じように「間違いだらけの英語」ではなく、「通じる英語」をスムーズに話す日本人を見ると、外国人も話してみたくなるでしょう。

今や、英語圏だけでなく世界中の人々とのコミュニケーションに欠かせない英語。うまく身につけ、みなさんの世界がどんどん広まることを願っています。

デイビッド・セイン

本書で使っている記号などについて

DANGER　「やりがちな間違い」の代表例。「間違い」だけでなく、ネイティブにとって不自然だと受け取られるフレーズを含みます。

OK!　「うまく伝わるフレーズ」の代表例。（状況によっては他のフレーズの方が適している場合もあります）

TPO OK!　「状況（TPO）によってはこの言い方が適している」というフレーズです。

こう返されるかも?　極端な例も含んでいますが、口には出さなくてもこう思うネイティブが多い、と考えられる代表例です。

007

Contents	その英語、ネイティブはハラハラします

はじめに.................003

Part 1
その英語、
ネイティブには
イタすぎます

Q01 あとで説明します 016
「分析する、弁明する」の explain.................017

Q02 ～さんがお待ちです 017
expect の使い方いろいろ.................019

Q03 試着してもいい? 020
「試す」の表現.................021

Q04 私が悪かった 021
上手な謝り方.................022
便利なスラング My bad..................022

Q05 4人家族です 023
家族についての表現.................024

Q06 気をつけて! 025
carefully、careful の使い方.................026

Q07 歯みがきしなさいよ 026
「洗う」のバリエーション.................027
brush の使い方.................028

Q08 ズボンがびしょぬれ 029
おしっこ関連.................029
「ぬらす」の表現いろいろ.................030

Q09 赤ちゃんを連れてきた 031

妊娠・出産に関する英語.............................032

Q10 電話があったよ.............................033
take from.............................034

Q11 ハチに刺されちゃった.............................035
「刺す」の英語.............................036

Q12 焦げちゃった.............................038
「焼く」の言い方.............................039

Q13 いつも考えてるよ.............................039
「あれ」の言い方.............................040

Q14 ビジネスマンになりたい.............................041
「大人の関係」の表し方.............................042

Q15 昨日はついてたよ.............................043
luck の使い方.............................044

Part 2
その英語、訴えられるかも !?

Q01 お注ぎしましょう.............................046

Q02 名刺を差し出す.............................048

Q03 お茶、いれて.............................051

Q04 愚妻です.............................054
身内がほめられたら?.............................055

Q05 夜の電話.............................056
日本人は働きすぎ?.............................058

Q06 プレゼント.............................059
会社同士のお付き合いは?.............................061

Q07 お住まいは?.............................061

Q08 お友達になりたいのですが.............................063

"I want to be your friend." の真意 064

Q09 得意じゃないんです 065

Q10 無宗教です 068
ちょっと仏教に関心がある場合 070

Q11 日本には四季があります 071
"We Japanese" だとダメ？ 073

Q12 今どきのレディファースト 074
覚えておきたい "Beauty before age." 076

Q13 礼儀正しい方ですね 077

Part3
その英語、
ネイティブは
ハラハラします

Q01 私のことは気にしないで 080
イントネーションに自信のない場合 081
「遠慮」の伝え方 082
「心配」いろいろ 082

Q02 一緒に来る？ 083
相手によって誘い方を変えよう！ 085

Q03 お待ちしています 085
wait の使い方 087

Q04 へぇ、そうなの？ 087
ネガティブな that 089

Q05 質問はありますか？ 090
question の使い方 091

Q06 すごく楽しかったね 092
いろいろな表現 093

Q07 大幅に値引きしてもらったよ 093

Thanks a lot..094

「頻繁に」の a lot..............................095

Q08 はい、どうぞ............................095

"here" の使い方................................097

Q09 今回は、ありがとう！.............097

this time...099

Q10 7時ちょうど...........................100

just と時間の使い方.........................101

just の使い方....................................101

Q11 やせたいと思ったんだ............102

thought の使い方.............................103

Q12 公務員です...............................104

いろいろな「公務員」........................106

Q13 見送りに行ってくる................107

「見送る」のバリエーション.............109

Q14 料理を作ってくれた.................110

dish の使い方...................................111

Q15 東大に受かったよ....................112

「合格する」.......................................113

Part 4
その"冠詞"、
ネイティブは
イラッときます

Q01 本を買った...............................116

"a"だと「興味がない」ニュアンスに！.....116

Q02 〜についての本だった............117

Q03 彼、うちの学校の先生なんだ.............118

Q04 あそこにある車は私の.............119

「たくさんの中のひとつ」と言いたいときは？.. 120

Q05 うちは犬を飼ってるよ 121

Q06 新聞、どこ？ 123
I ate three cakes. と言ったらネイティブは驚く！ 125

Q07 北日本に住んでます 127
区別、限定、比較するときは the を............ 128

Q08 アメリカに行ったよ 129
国の呼び方 130

Q09 富士山の近くのホテルに泊まった............ 132
「山脈」はどうなる？ 134

Q10 太平洋を見たことないなぁ................ 134
「昨日、海に行ったんだ」はどう言う？........ 135

Q11 ニューヨークに住んでみたい 137

Q12 朝ごはんを8時に食べた 139
後に限定する言葉を続けると the に！ 140

Q13 タクシーで職場に行く 141

Q14 おじが医者です 142

Q15 緑茶はポピュラーな飲み物 143

Part 5
そのカタカナ英語、
ネイティブは
泣きそうです

Q01 テンション高いね 146

Q02 うらやましいな、スマートで 147

Q03 彼ってナイーブだから 148
「シンプル」は、ほめ言葉？................ 149
simple の使い方............ 150

Q04 彼女はOL 151

Q05 スタイルいいよね 152

Q06 リフォームするつもり 153

　　renew は使える? 154

Q07 彼女はハイティーンだ 155

Q08 マニアックな人 156

Q09 ノルマを達成できなかった 158

Q10 シビアなボス 159

Q11 シェイプアップした方がいいよ 160

Q12 オーバーな話 161

Q13 万能プレイヤー 162

Q14 ムードあるレストラン 163

Q15 ドライな男 164

Q16 ベビーカーを買った 166

Q17 ワンピースで行くつもり 167

Q18 ツーピースで面接に 168

Q19 空港でボディーチェックされた 169

Q20 ドライバーでエンジンを直した 170

Q21 プレイガイドを探してる 171

Q22 アメリカンドッグをひとつ下さい 172

　　アメリカにはアメリカン・コーヒーはない! 172

Q23 サンドバッグを買った 173

Q24 ワンマン社長 174

Q25 ハートフルコメディ 175

Part 6
グローバル時代の
最新・英語事情

Q01 Chinglishは世界を変えるか? 178

Q02 摂氏と華氏、
世界で使われているのはどっち? 181

Q03 メートルとフィート、
世界で使われているのは? 184

Q04 世界の国が使うのは、
サッカー? フットボール? 187

Q05 年度始まりは何月? 190

Q06 ✓(チェックマーク)はOK? バツ? 192

Q07 宗教と文化のグローバル化 194

Q08 兄弟について聞く 197

Q09 主食は何ですか? 200

Q10 世界の共通語は何? 203

本文デザイン　大下賢一郎

Part 1

その英語、
ネイティブには
イタすぎます

「日本人英語」の中には、ネイティブがハラハラするだけでなく、思わず爆笑したくなるようなものや、ちょっとイタすぎるものもたくさんあります。まずは恥をかきたくないあなたにぜひ知っておいてもらいたいフレーズから見ていきましょう。

Part 1 | その英語、ネイティブにはイタすぎます

Q01 あとで説明します

仕事中、
「このことは、あとで説明しますね」は、どう言う？

☀ DANGER I'll explain you later.

🗣 こう伝わる! あとであなたを精神分析しますからね。

✋ OK! **I'll explain it to you later.**
このことは、あとで説明します。

✗ なぜ NG? 「説明する＝explain」と覚えた人は多いと思います が、explainの後に「人」を置くと、「その人の 精神分析をする」というニュアンスに。
たとえば、日本語の文体に

It was impossible for the psychologist to explain him.
その心理学者には彼の精神を分析することはできなか った。

というふうに使います。
説明する対象（この場合 this）をうっかり省かないよう に注意！
また、対象が「人」ではなく行動や立場などの場合も「弁 明する、…の原因を説明する」という感じで、単なる「説

明」とは少し異なるニュアンスになることがあります。
たとえばこんな感じ。

He tried to explain his behavior.
彼は自分の行動を弁明しようとした。

ネイティブ流 「分析する、弁明する」の explain

I have to explain myself.
私の立場をはっきりさせておきたいのですが。
＊ explain oneself は「自分の行為を弁明する、自分の
立場を明白にする」というイディオム。
You need to explain your position.
あなたは自分の立場を弁明する必要がある。
No one could explain Steve's actions.
スティーブの行動はだれにもわからない。
You didn't do a good job of explaining your
decision.
自分の決意を明白にすることができなかったね。

Q 02 ～さんがお待ちです

受付で、
「佐々木さんがお待ちですよ」はなんと言う？

017

Part 1 | その英語、ネイティブにはイタすぎます

DANGER Ms. Sasaki is expecting.

こう伝わる! 佐々木さん、妊娠してるのよ。

OK! **Ms. Sasaki is expecting you.**
佐々木さんがお待ちですよ。

TPO OK! **Ms. Sasaki is looking forward to seeing you.**
佐々木さんが、あなたに会うのを楽しみにしていますよ。
＊とても前向きな感じ。

TPO OK! **Ms. Sasaki is waiting for you.**
佐々木さんがあなたをお待ちです。
＊失礼ではないが、特に丁寧な感じでもありません。

なぜ NG? いきなり She's expecting. と言うと、状況によっては expecting a baby（妊娠している）の省略に聞こえることがあります。

特に Ms. Sasaki is expecting in January.
のように、後に時期を表す語を置くと、「佐々木さん、1月に出産予定よ」という意味に。

「人を待っている」と言いたいときは、expect の後に「待

018

っている相手」を必ず置きましょう。

Ms. Sasaki is expecting you. とすれば「楽しみにして
いる」という意味になります。

ちなみに expect を「期待する」という「訳」で覚え、後
にはポジティブな内容を続けると思っている人が多いよ
うですが、expect は「**予測する**」という意味。ポジティ
ブな内容だけでなく、ネガティブな内容にも使います。

ネイティブ流 **expect の使い方いろいろ**

We're expecting snow this week.
今週は雪が降るんじゃないかな。

Mary's expecting twins in April.
メアリーは4月にふたごを産む予定なんだ。

I was expecting a better price.
もうちょっとましな値段かと思ってたのに。
＊がっかりした気持ちを表す。

We're expecting an increase in sales in June.
6月は売上げが伸びるだろうと思います。

Scientists are expecting an earthquake soon.
学者はまもなく地震が起こると予測している。

I didn't expect her to come.
彼女が来るとは思わなかったよ。

Part 1 | その英語、ネイティブにはイタすぎます

Q03 試着してもいい?

セーターを買いたくて、
「試着してもいいですか?」と言いたい。どう言う?

DANGER Can I wear this?

こう伝わる! これ、このまま着て帰ってもいいかな?

OK! **Can I try this on?**
これ、試着してもいいですか?

なぜ NG? 店で Can I wear this? と言ったら、
「包装しなくていいから、このまま着て行っても
いいですか?」という意味になります。店員と話が行き
違って、

Sure, but you have to pay for it.
いいですけど、支払いはちゃんとお願いしますね。

なんていうことにもなりかねません。
「試着してもいいですか?」は、Can I try this on? で
す。
ちなみに「試着室」は a fitting room。

🔔 🔔 🔔 🔔 🔔 🔔

ネイティブ流 「試す」の表現

Can I see how it looks on me?
似合うかどうか、着てみてもいいですか？
Can I see if it fits?
体に合うか、試着してもいいですか？
Can I taste it?
試食してもいいですか？
Can I have a sip?
試飲してもいいですか？

＊sipは「少しずつ飲む、すする」という意味。

Can I take it for a test drive?
（車を）試乗してもいいですか？
Can I look through it?
（本などを）さらっと見てみてもいいですか？

Q04 私が悪かった

素直に謝りたい。
「僕が悪かった」はなんと言う？

💣 DANGER I was bad.

🗣 こう伝わる！ 僕、行儀が悪かったね。

Part 1 | その英語、ネイティブにはイタすぎます

✋ **OK!** **I'm sorry.**
ごめんなさい。

❌ **なぜ NG?** I was bad.と言うと「道徳的に悪かった」あるいは「行儀が悪かった」という意味になり、こちらの気持ちが伝わらないので注意。素直に謝りたい時は、I'm sorry.と言ったり、あるいは下記「ネイティブ流 上手な謝り方」のバリエーションの中から、その場の状況に適した謝り方を選んで使ってください。

ネイティブ流 上手な謝り方

▌ Sorry about that.　そのことは、悪かった。
▌ I owe you an apology.　あなたに謝らなければ。
▌ Oops! Sorry!　わーっ！ごめんなさい！
▌ I'm terribly sorry.　ほんとうにごめんなさい。

ネイティブ流 便利なスラング　My bad.

I was bad.だと誤解を生じますが、同じ**bad**を使ったフレーズに、**My bad.**というスラングがあり、「ごめん」という意味になります。スラングとはいえ、テレビドラマや映画にもよく出てくるフレーズなので覚えておくことをおすすめします。
My bad.は、単に「ごめん」と言いたいときの他、自分

022

のミスを認めて、「ぼくのせいだ」と言いたいときも使います。

> It was my fault.
> それは私のせいだ。

と同じようなニュアンスです。

Q05 4人家族です

「ご家族は何人ですか？」と聞かれ、
「4人家族です」はなんと言う？

DANGER I have four families.

こう伝わる! 妻は4人いるよ。

OK! There are four people in my family.
家族は4人です。

なぜNG? 家族構成の説明には注意が必要。たとえば日本語では、自分も含めて「2人兄弟」と言うので、英語にするとき もうっかり I have two brothers. と言ってしまう人も多いようです。けれどこれでは、自分も含めて「3人兄弟」ということに。
「2人兄弟」の場合は、

Part 1 | その英語、ネイティブにはイタすぎます

I have one brother. と言います。

そして「○人家族」の場合、

I have four families. と言うと、「家庭を4つ持っている」つまり、「配偶者が4人いる」ということに。

「4人家族」と言いたいときは

There are four people in my family.

と言えば誤解なく伝わります（197ページも参照して下さい）。

ネイティブ流 家族についての表現

My brothers and their families come to our house for New Years.
兄とその家族が、正月にうちに来るんだ。

Our company has a family atmosphere.
うちの会社は、家族的な雰囲気だよ。

How many people are there in your family?
あなたは何人家族ですか？

I come from a family of four.
うち（の実家）は4人家族です。

He doesn't have any siblings.
彼にはきょうだいがいない。

＊ siblings は男性女性含めた「きょうだい」という意味。

He's an only child.
彼は一人っ子だ。

024

Q06 気をつけて！

写真を撮ってくれている相手の背後に川が…！
「気をつけて、川に落ちるよ」はなんと言う？

DANGER Carefully fall into the river.

こう伝わる！ 慎重に川に落ちてね。

OK! Be careful not to fall into the river.
川に落ちないように気をつけてね。
＊冷静な言い方。

TPO OK! Be careful. Don't fall into the river.
気をつけて。川に落ちないで！
＊相手が今にも落っこちそうになっている場合
はこちら。より危機感が伝わりやすい言い方
です。

なぜ NG? carefully は「注意深く、丁寧に」という意味。
Listen to me carefully. （私の言うことを注意
して聞きなさい）
という感じで使います。「気をつけて」と言いたいときは、
Be careful. を使います。

025

Part 1 | その英語、ネイティブにはイタすぎます

ネイティブ流 carefully、careful の使い方

She carefully picked up the baby.
彼女は注意深く赤ちゃんを抱き上げた。
Careful! That's an expensive vase.
注意して！それ、高価な花瓶だから。

＊Be careful. の Be を省き単に Careful! と言うことも
できます。

I'm sorry, I wasn't careful enough.
ごめんなさい、ちゃんと注意してませんでした。
Take care not to burn the vegetables.
野菜を焦がさないように気をつけてね。

Q07 歯みがきしなさいよ

寝る前に、
「歯みがきしなさいよ」はなんと言う？

🔴 DANGER ▶ Wash your teeth.

👤 こう伝わる! ▶ 入れ歯、洗いなさいね。

✋ OK! ▶ **Brush your teeth.**

026

なぜ NG? wash のイメージは「両手に持って洗う」というもの。皿を洗う場合などに使います。

I washed the dishes.　皿を洗った。

そして、

I washed my dentures. は「入れ歯を(はずして)洗った」という意味で、自然な言い方。

そのため、「歯をみがく」という場合に wash を使うとネイティブは「歯を取り出してシンクで洗う」というようなヘンなイメージを抱いてしまうのです。

「歯をみがく」には brush を使います。ちなみに歯医者さんで専用器具を使って歯をみがいてもらう場合は、

The dentist cleaned my teeth.
歯科医に歯をクリーニングしてもらった。

と言います。

ネイティブ流 「洗う」のバリエーション

I washed my car.
洗車した。

I shampooed my dog.
犬を洗った。

What's the best way to get out a wine stain?
ワインのしみ抜きに最適な方法は？

Part 1 | その英語、ネイティブにはイタすぎます

The only job I could find was scrubbing toilets.
私が見つけた唯一の仕事は、トイレ掃除だった。

ネイティブ流　brushの使い方

She brushes her hair a hundred times before going to bed.
彼女は寝る前、髪を100回ブラッシングする。

I brushed the lint off my jacket.
ジャケットにブラシをかけてほこりを落とした。

The pickpocket brushed by me and took my wallet.
スリが私の横をスッとかすめ通って、財布をすったんです。

＊この brush は「かすめる」という意味。

I need to brush up my English.
英語をブラッシュアップしなければ。

＊brush up は「（忘れかけている知識などを）復習する、やり直す」という意味。

We only have time to brush over the budget in this meeting.
この会議では、予算については軽く触れる時間しかない。

＊この brush は「（問題などに）軽く触れる」という意味。目的語の前にはふつう over を置きます。

028

Q08 ズボンがびしょぬれ

外回りで大変だった話をしていて。
「その日は雨で、ズボンがびしょぬれになったんだ」は
なんと言う？

🚨DANGER It was a rainy day, so I wet my pants.

こう伝わる! その日は雨で、おもらししちゃったんだ。

👌OK! It was a rainy day, so my pants got wet.

❌なぜNG? 日本語で「パンツ」と言えば、下着のパンツだけ
でなく、「ズボン」も指しますが、英語でも pants
でズボンを表します。その点はOKですが、ここでは
wet の使い方に注意が必要。wet には確かに「ぬらす」
という意味がありますが、「おしっこをする」という意
味も！そして wet one's pants というフレーズにする
と「おもらしする」という意味に。
「ズボンがぬれる」と言いたいときは one's pants get
wet と言いましょう。

ネイティブ流 おしっこ関連

「おしっこ」関連用語には、他にも次のようなものがあ

029

Part 1 | その英語、ネイティブにはイタすぎます

ります。

▌ wet the bed　寝小便する

▌ wet oneself　おもらしする

▌ pee　おしっこする

＊子供っぽい言い方。大人がわざと使うこともあります。

▌ piss　おしっこする

＊スラング。俗っぽい言い方。

▌ urinate　排尿する

＊医学的な言い方。

ネイティブ流 「ぬらす」の表現いろいろ

▌ Be careful not to get wet.
ぬれないように気をつけてね。

▌ I don't want to get my hair wet.
髪をぬらしたくない。

▌ I was so nervous I almost wet myself.
あまりの緊張に、おもらししそうになった。

▌ Why does my puppy wet the floor?
なんでうちのワンコ（犬）は床におしっこしちゃうん
だろう？

▌ All my clothes are soaking wet.
全身びしょぬれだー。

030

Q-09 赤ちゃんを連れてきた

赤ちゃんを預けるところがなく、
「彼女は職場に赤ちゃん連れで来たよ」は、どう言う？

🚨 **DANGER** She had a baby in her office.

🗣 こう伝わる! **彼女はオフィスで赤ちゃんを産んじゃった。**

✋ **OK!** **She brought her baby to work.**
彼女は職場に赤ちゃんを連れて来た。
＊「彼女」が自分と同じ職場の同僚で、実際に
自分がその場にいた場合は bring を用いて
表します。

✋ **TPO OK!** **She took her baby to work.**
彼女は職場に赤ちゃんを連れて行った。
＊別の会社の人の話なら、take を使って表し
ます。

❌ なぜ
NG? have a baby と聞いて、ネイティブが真っ先に
思いつくのは「出産」のこと。
She had a baby last week. は
「彼女は先週赤ちゃんを産んだ」という意味です。
She had a baby in her office. で、「会社に赤ちゃんを

031

Part 1 | その英語、ネイティブにはイタすぎます

連れてきていた」と言いたいんだろうな、とわかってくれるネイティブもいるでしょうが、一瞬「え!?」と思うでしょう。

とはいえ have を使った表現でも、これなら誤解を招きません。

✌ **TPO OK!** **She had her baby with her in her office.**
彼女はオフィスに赤ちゃんを連れて来ていた。

この後に when... を続けて、次のような表現にすると、さらにナチュラルに。

She had her baby with her in her office when the client came.
彼女はクライアントが来たとき、オフィスに赤ちゃんを連れてきていた。

ちなみに She's with child. と言うのもNG。これは古い英語で「彼女は妊娠中」という意味だからです。

────── **ネイティブ流** 妊娠・出産に関する英語 ──────

▌ She's in a family way.　彼女は妊娠している。
＊婉曲的。
▌ She's due in August.　彼女は8月に出産予定だ。
＊婉曲的。
▌ She's expecting.　彼女は妊娠している。
＊婉曲的。18ページ参照。

032

She has a bun in the oven.

彼女、お腹に赤ちゃんができたよ。

＊「オーブンの中のパン」で赤ちゃんを表します。a cake in the oven とも言います。

She has a baby bump.

彼女、赤ちゃんでお腹がふくらんでるね。

＊軽い言い方。ここでの bump は「隆起」という意味。

♪10 電話があったよ

電話があったと伝えたくて、
「メアリーから電話があったよ」はなんと言う？

🔔DANGER I took the phone from Mary.

)))こう伝わる! メアリーの電話、没収しといたからね。

👌OK! I got a phone call from Mary.
メアリーから電話がありましたよ。

✕ なぜ NG? 「take from」には状況によっていくつかの意味がありますが、「人から物などを取る」という意味で使う場合、ちょっとネガティブなニュアンスで使うことが多いので注意。

033

Part 1 | その英語、ネイティブにはイタすぎます

My mom took my video game from me.
ママにビデオゲームを没収された。

You took my dictionary! Give it back!
私の辞書、とったでしょ。返して！

（＊ここでは from me が省略されています）

という感じで「人から物を無理やり奪う、とる」という
イメージです。「盗む」の婉曲表現として使うこともあ
ります。

I didn't take anything from that store.
その店からなにも盗んでやしないよ。

I know he took that book from me.
彼が私から本を盗ったの、知ってるんだから。

「人からの電話を受ける」には get a (phone) call from
... を用います。phone は省略可能。

ネイティブ流 take from

Age didn't take anything from her beauty.
年齢を重ねても、彼女の美しさはなんら変わらなかった。

He took a break from school.
彼は休学した。

He took inspiration from Picasso.
彼はピカソからインスピレーションを得た。

The scientist took samples from the animals.
その科学者は動物からサンプルをとった。

The policeman took a bribe from the mafia.
その警官はマフィアから賄賂をとった。

Q11 ハチに刺されちゃった

赤く腫れた腕を見せながら、
「ピクニックに行ったら、ハチに刺されちゃったんだよ
〜」はなんと言う？

DANGER I was stabbed at the picnic.

こう伝わる! ピクニックで、ナイフで刺されたよ。

OK! **I was stung at the picnic.**
ピクニックで、ハチに刺されたよ。

なぜNG? 日本語では、「ハチに刺される」も、「ナイフで刺される」も同じ「刺される」という言葉を使います。
けれど英語では使い分けが必要。

stab は「ナイフで刺す」。「虫などが刺す」には sting（過去形・現在完了形は stung）を使います。両方一緒に覚えておきましょう。

I was stung at the picnic. と聞くとふつうネイティブは「ミツバチ(bee) に刺されたのだな」と思います。

Part 1 | その英語、ネイティブにはイタすぎます

というのも、他のものに刺された場合、ふつうその虫などの名前を付けるからです。たとえば、

I was stung by a jellyfish/hornet.
クラゲ／スズメバチに刺されたんだ。

のように。

ネイティブ流 「刺す」の英語

①「背中から刺す」とは？
He stabbed me in the back.
は、直訳すると「彼は私の背中をナイフで刺した」となりますが、これは「**彼は私を裏切った**」という意味のイディオムにもなります。「背中から刺す」ことは、すなわち「だまし討ちを食らわす」「裏切る」ということだからです。

②「蚊に刺された」という場合は？
bee（ハチ）の場合は **sting** で表しますが、蚊などの場合は **bite**（かむ）で表します。日本語でも「ハチに食われた」とは言いませんが、「蚊に食われた」という言い方をするのと似ていますね。

I was bitten by a mosquito.　蚊に刺された。
I got eaten up by the mosquitoes.
あちこち蚊にやられた～。

＊ eat up は「（人を）悩ませる」という意味。

③だまされるとイタい！

be stung by ... （…に刺される）というフレーズを使った、

I was stung by a scam artist.

という言い方があります。これは、「**詐欺師にだまされ
た！**」という意味。「だまされる、だまし取られる」も
be stung で表すことができるのです。だまされると、
刺されるのと同様、やはりイタいですからね。

◆その他のフレーズ

The robber threatened to stab me with a knife.
強盗が私をナイフで刺すぞと脅した。

The wind was biting cold.
風が刺すように冷たかった。

What he said stabbed me in the heart.
彼の言葉が胸に突き刺さった。

A scorpion stung me! Call an ambulance!
サソリに刺された！　救急車呼んで！

＊サソリの場合は sting、bite 両方使えます。

The doctor pierced my skin with the needle.
医者は私の皮膚を針で刺した。

Part 1 | その英語、ネイティブにはイタすぎます

Q12 焦げちゃった

珍しく料理をしてみた。
「チキン焼いたけど、焦げちゃった」はなんと言う？

DANGER ▶ I fried some chicken, but I burned.

こう伝わる! ▶ チキン焼いたけど、僕が燃えちゃった！

OK! ▶ I fried some chicken, but I burned it.
チキン焼いたけど、焦がしちゃったよ。

×
なぜ
NG? burn は「焼く、焦がす」という意味ですが、ちょっと注意が必要。「焦がした物」を目的語として後に置かないと、「そのもの自体が燃える」という意味になるからです。

The tree burned.（木が燃えた）と言うのと同じで、
I burned. と言うと、「私が燃えた」という意味になります。「やけどしたのかな？」と思うネイティブもいるでしょう。

I burned my hand. は「手をやけどした」という意味です。

「チキンを焦がした」と伝えたい場合は、burnの後に、the chicken（上記例文の場合は、すでに the chicken と 言及しているので it）を置くことを忘れないように。

038

ちなみに fry はフライパンなどで「焼く」という意味。「揚げる」も fry でOKですが特に区別したいときは deep fry と言います。

ネイティブ流 「焼く」の言い方

Be careful, or you'll burn yourself.
気をつけて、やけどするよ。
I burned the toast. I'll have to throw it away.
トースト、焦がしちゃった。捨てるしかないなぁ。
Someone burned down my house.
誰かがうちに放火して、全焼した。
You need to cook both sides of the meat.
肉は両面、焼いてください。
He got a first-degree burn on his arm.
彼は腕に1度のやけどを負った。
＊a first-degree burn（第1度熱傷）は、皮膚の表面が赤くなる程度のやけどのこと。

Q13 いつも考えてるよ

恋人に、
「いつもあなたのことを考えてるわ」はなんと言う？

039

Part 1 | その英語、ネイティブにはイタすぎます

☠ DANGER I always think about your thing.

🗣 こう伝わる! あなたのあそこについていつも考えてるわ。

👌 OK! I always think about you.
いつもあなたのことを考えてるのよ。

✕ なぜ NG? 「もの、こと＝thing」と思い込み、なんにでもthingを使っていたら大変な誤解を招くので注意！

英語では thing を、具体的な名前がわからない場合や、あるいは恥ずかしかったり思い出せなかったりなどのいろいろな理由で口にしたくない場合に使うのです。日本語の「あれ」とか「あそこ」みたいな感じです。

そして **your thing** と聞いて、たいていのネイティブが想像するのは「性器」のことなのです。

対象が女性の場合も thing を使うこともありますが、たいていは男性の場合に用いられます。

ネイティブ流 「あれ」の言い方

I'm looking for that ... you know ... that thing.
あれを探してるんだけど、えっと、あれよ、あれ。
Have you seen that thing you crush garlic with?
あれ見なかった？あの、にんにくつぶすやつ。

040

Give me that thing ... that thing you remove staples with.
あれ取って。あの、ホッチキスの針をはずすやつ。
Cover up! Everyone can see your thing!
隠して！あそこ、丸見えだから！
He suddenly showed me his thing. I was so scared!
彼がいきなりあそこを露出したの。ほんと怖かった。

Q 14 ビジネスマンになりたい

将来のことを聞かれて、
「ビジネスマンになりたいんだ」はなんと言う？

🕯DANGER **I want to do a businessman.**

🗣こう伝わる! ビジネスマンとエッチしたいな。

👌OK! **I want to be a businessman.**
ビジネスマンになりたい。

❌
なぜ
NG? 「こんなミスはしない！」と思う人もいるかもしれません。けれど同じbusinessでも、「ビジネス活動をする」場合は do business。
I did business in China. 「中国でビジネスをした」の

041

Part 1 | その英語、ネイティブにはイタすぎます

ように使います。

一方、「ビジネスマンになる」は be a businessman。

do と be 両方の言い方がある上、日本語では「サラリーマンである」ことを「サラリーマンをやってる」というような言い方をすることもあるので、うっかり混同することもあるかもしれません。すると大変なことに！

「do ＋ 人」で「エッチする」という意味になってしまうからです！ちなみに、**Did you do her?** は、「彼女とエッチした？」という意味。

けれど、**What did you do to her?** というように、to を入れるだけでその意味からは離れ、「彼女に何をしたの？」という意味になります。

ネイティブ流 「大人の関係」の表し方

She's done a lot of guys.
彼女はいろんなヤツとやってる。

She did it on the first date.
彼女は初デートで最後までいった。

＊ do it にも「セックスをする」という意味があります。

He made out with his girlfriend last night.
彼は昨日の夜、彼女といちゃついた。

＊ make out with はスラングで「いちゃつく、ネッキングする」という意味。

They made love.

彼らは愛し合った。

＊「愛のある関係」という感じ。

They had sex.

彼らはセックスした。

＊ストレートな言い方。

Q15 昨日はついてたよ

昨日、福引で1等が当たった！

「昨日はついてたよ〜」はなんと言う？

DANGER I got lucky yesterday.

こう伝わる! 昨日、やっちゃた。

OK! I was lucky yesterday.

昨日はラッキーだったよ。

なぜNG? get lucky には「幸運に恵まれる」という意味もありますが、裏の意味として「セックスをする」というのもあるのです。

脈絡もなく、いきなり I got lucky. と言ったら、後者の意味だと受け取るネイティブが多いでしょう。もちろん、

043

I went to Las Vegas and I got lucky.
ラスベガスへ行ったら、ラッキーだったよ。

と言えば、「ついてたよ～」だと受け取ってもらえるで
しょうが。

ともかく誤解されたくないなら、

I was lucky yesterday.

と言いましょう。これなら裏の意味はありません。

ネイティブ流 luckの使い方

I ran out of luck.
私は運が尽きた。

＊悪いことが起こったときに言う。

A: Do you have a pen I can borrow?
ペン持ってたら、貸してくれない？

B: You're out of luck.
ごめん、ないよ。

A: Do you have a pen I can borrow?
ペン持ってたら、貸してくれない？

B: You're in luck!
うん、ちょうど持ってる。

You lucked out.
君、ラッキーだったね。

＊運のよかった相手にかけるひとこと。

Part 2
その英語、
訴えられるかも!?

たとえ英文自体は間違っていなくても、文化
の違いからギクシャクするフレーズが！ 文化
のことなので、どちらがどちらに合わせなけ
ればという問題ではないでしょうが、国際舞
台で活躍したい人ならぜひ知っておきたいマ
ナーをご紹介します。

Part 2 | その英語、訴えられるかも!?

Q01 お注ぎしましょう

一緒に飲みに行った外国人社員に、ちょくちょく
「お注ぎしましょう」と言うと、どうなる？

> **DANGER**
> **Let me fill your glass.**
> お注ぎましょう。

> こう返されるかも?
> **I can get my own drink.**
> 自分の飲み物は自分でやるから。

> こう返されるかも?
> **Are you trying to get me drunk?**
> 私を酔っぱらわせるつもり？

> ✕ なぜNG?

日本では会社の飲み会などで、誰かのグラスが空くと、ビールやお酒を注いであげるのがマナーとでも言えそうですね。特に目下の人や女性は、気を使っているようです。お酒のすすまない人に「さあ、飲んで、飲んで」とすすめたり、「飲まないの？」と聞いたりすることも。

けれど欧米では、他人のグラスの世話を焼くことはほとんどありません。お酒は各自のペース、他人がとやかく言うことではない、というのが常識。だから日本の文化に慣れていない相手に、あまりマメにお酒を注いであげると、

046

「こんなに飲ませてどうする気だろう？」と怪訝に思われたり、

「自分のペースで飲ませて欲しいなあ」とちょっとムッとされることもあるのです。

ちなみに欧米では、**お酒を飲まない理由もあまり尋ねません**。宗教上の理由や健康上の理由など人それぞれだからです。相手が自ら説明してくる場合は別として、「**なぜ飲まないの？」と聞くのは、あまり気持ちのいいマナーとは言えないので注意！**

○ こうすれば安心 お酒は各自、自分で注ぐことにしましょう。

では、仕事上の酒の席では、どんな感じのコミュニケーションをすればいいのでしょう。

これは日本人同士でも同じだと思いますが、まずはじめの問題は、仕事の話をするか、しないか。どちらが適切か判断がつかない場合は、とりあえずその場の様子をうかがいましょう。

話が仕事に向いてきたとしても、あまり具体的なディスカッションをはじめるのは避けた方が無難。

もちろんその場にいない上司や同僚の噂話も避けましょう。

仕事以外の話になった場合に、日本人が悪気なくやってしまいがちなのが、相手を質問攻めにすること。相手に話をさせてあげようという気遣いからだとしても、これは考えもの。もちろん、自分のことばかり話せという意

Part 2 | その英語、訴えられるかも!?

味ではありません。

まず自分のことから少しずつ語りはじめ、相手が質問してくるか、あるいは相手も自分自身のことについて話してくるか、ちょっと様子を見るようにしましょう。たとえば、

This is my wife's favorite drink.
これ、妻の好きな飲み物なんですよ。

というふうに差しさわりのない会話から切り出すと、相手も、

How long have you been married?
結婚されて、どれくらいになるのですか？

とか、

Where did you meet her?
奥さんとはどこで出会ったのですか？

などのように尋ねてきたり、あるいは自分の家族について語りはじめたりするでしょう。こんな話題から入ると、気まずい雰囲気になることなく、少しずつ会話がはずんでいくでしょう。

Q02 名刺を差し出す

初対面の相手にいきなり名刺を差し出して、
「あの、これ、私の名刺です」と言うと、どんなリアク

048

ションがありそうでしょう？

DANGER Here's my business card.

こう返されるかも? Why are you giving me this?
なぜ私にこれを？

こう返されるかも? I don't think I know you.
あなた、どなたでしたっけ？

なぜNG? 日本人は名刺をとても大切にします。ビジネスシーンで初対面の人に会ったら、とにかくまず名刺交換。そして交換した名刺の丁寧な扱いぶりは、まるで「名刺＝本人」であるかのようです。

一方、欧米人の名刺に対する考え方はかなり異なります。**名刺は、「連絡先を示したメモ」。**相手が、自分に連絡をとろうとしたときに困らないように渡すものなのです。ですからふつう、相手との話が済んでから、別れる前に、連絡を取る必要があると思われる場合にのみ渡します。そして、もらった名刺にメモする人もいるし、名刺をしまうために折り曲げる人もいます。これは名刺を「連絡先のメモ」だと思ってやっていること。**悪気はないので、「あ、私の名刺を邪険に扱われた…」などと思わないでください。**

また、日本人がなにげなくしていることで、欧米人の目にはちょっと奇異に映ることがひとつ。それは、パーテ

049

Part 2 | その英語、訴えられるかも!?

ィーでの名刺配り。

欧米人同士の場合、パーティーで誰かと話をした場合、会話の流れでトピックがビジネスに移り、さらに今後連絡をとりたいと思った場合にしか相手に名刺を渡しません。誰かれ構わず名刺を配っていると、まるでパーティーの場を利用して売り込みをしているような印象を与えてしまいかねないので注意。

○ こうすれば安心　名刺は、ふつうビジネスの話が終わった後に、こんな感じで交換します。

A: I have to go now, but it was nice meeting you.
そろそろ失礼しなければ。お会いできて、よかったです。

B: Why don't we get together again?
ぜひまたお会いしましょうね。

A: That would be nice. Here's my business card.
ええ、そうしましょう。では名刺をお渡ししておきますね。

B: Okay, here's mine. I'll give you a call next week.
はい、では私の方も。来週お電話します。

A: Sounds good.
ええ、よろしくお願いします。

B: Take care.
それでは、失礼します。

<u>Q</u>03 お茶、いれて

女性社員に対してだけ、いつも、
「君、お茶、いれてくれない？」と言っていると？

🔔 DANGER **Could you serve the tea?**

🗨 こう返され るかも？ **I'm not your slave!**
私はあなたの奴隷じゃない！

✕ なぜ NG? 今日では日本でも、少しずつ男女平等が浸透して きているようです。

女性社員に対してだけ、「君、お茶いれて」なんて言う
上司は、もはや過去の産物ですよね？　え？　そうでも
ない？

では、そうでもない社員がいるといけないので、念のた
め注意しておきましょう。

日本の企業でもそうでしょうが、特に外資系の会社では、
自分が責任を負うべき業務内容が事細かに決められてい
ることが多いのです。とはいえ、たとえばアメリカの会
社で相手の業務内容リストにない仕事をなにか頼んだと
しても、ほとんどの人はそれに対して不満を漏らすこと
なく、言われたとおりの仕事をやるでしょう。

ところが、あることを女性にだけやらせようとした途端、
状況は一転。トラブルに巻き込まれるかもしれないので

051

す。

もちろんこれは相手の性格に負うところも多分にあるので、一概には言えませんが、一般的な話として知っておいてください。

たとえば女性社員にだけ、

Could you serve the tea?
お茶をいれてくれませんか？

＊この serve は「（食べ物や飲み物を）出す」「給仕する」の意。

というふうに、お茶くみを頼むと、「男女平等に反する」として、女性の怒りを買います。

もちろん、欧米でも気の利いたアシスタントが自主的にボスにコーヒーをいれる、あるいは買ってくる、というようなことはあります。けれどこちらの方から女性社員にだけ、しかも偉そうにたびたびお茶くみを頼もうものなら、

I'm not your slave!「私はあなたの奴隷じゃない！」と返されるかも。イギリスの場合、返ってくる言葉が、

I'm not your servant!「私はあなたの召使じゃない！」となりますが、内容的には同じ。

けれどこれくらいならまだましです。最悪、訴えられる可能性だってあるのです。実際、始終お茶くみをやらされた場合、お茶くみをやらされない男性より、女性は仕事の効率が低下し、昇進の機会を逃す可能性があるわけですから。

052

こうすれば安心 お茶くみは男女平等に頼みましょう、もしくは、自分のお茶は自分でいれましょう。

＊アメリカでは、職場でコーヒーをいれることは「もっとも重要でない」仕事のひとつ。そのためこんな強い返事が返ってくることも。

| Get it yourself.　ご自分でどうぞ。

| Do I look like your wife?
| あなたの奥さんに見えます？

| That's not in my contract.
| その仕事は契約にありません。

| That's not my job.　それ、私の仕事じゃありません。

ユーモアあるいは皮肉混じりに、下記のように返してくる場合もあります。いずれも「自分でいれてください」という意味。真意をくみ取りましょう。

| Sure, honey. Oh, you're not my husband.
| もちろんよ、ハニー。あら、あなた、私の夫じゃないですね。

| Sure. Should I bring your slippers too?
| もちろんです。スリッパもお持ちしましょうか？

| Would you like me to make lunch for you too?
| お昼ごはんも作って差し上げましょうか？

| Should I put this project on hold to go get coffee?
| このプロジェクトをほっといて、コーヒーをいれます？

＊かなり強い言い方です。

Part 2 | その英語、訴えられるかも!?

Q 04 愚妻です

会社の創立記念パーティーに夫婦で出席して、同僚に妻を紹介。
「これ、うちの愚妻でして。もう、なんにもできないんですよ」と言うと？

🔴 DANGER **This is my foolish wife. She can't do anything.**

こう返されるかも？ **I can't believe you would say that!**
そんなこと言うなんて、信じられない！

なぜNG? 日本では奥さんや子供を紹介するときに、謙遜して「愚妻」とか「愚息」のように言う人がいます。「愚妻」「愚息」を英語にすると、foolish wife, foolish son などとなりますが、これは欧米人にはありえない紹介。こんな言葉で奥さんを紹介したら、離婚、なんてことも。

また foolish wife とまではいかなくても、
She can't do anything. うちのは、なんにもできなくて。
くらい言ってしまう人もいるかもしれません。けれどこれもよくありません。**欧米では身内のこともほめながら紹介するのが一般的なのです。**日本には謙遜の文化がありますが、欧米では、通用しないどころか、人格まで疑わる可能性もあるので注意！

054

こうすれば安心 自分の妻を紹介するときは、こんな言い方をすると、相手も妻もいい気分になるでしょう。

This is my better half.
これ、うちのベターハーフです。

She's my better half.
彼女はうちのベターハーフです。

これはもともと「私たちは一心同体で、それぞれが『片割れ』なのですが、連れの方が私より立派な方の『片割れ』なんです」という意味。けれどネイティブも今ではそこまで考えて口にしているわけでもなく、妻を紹介する場合によく使う決まり文句となっています。

ただし夫を紹介する場合はそのような言い方はせず、単に、

This is my husband.
のように言うのが一般的。

身内がほめられたら？

自分の妻や夫のことを他人がほめてくれたとき、日本人は、「いえいえ、全然そんなこと」のように否定することが多いようですね。けれど、ネイティブが自分の身内をほめてくれたときに、

No, no. いえいえ。

などと否定すると、相手はちょっと困るでしょう。場の雰囲気が悪くなる可能性もあるので、そんなときは、

Part 2 | その英語、訴えられるかも!?

Thank you.

と素直に受け取りましょう。身内がほめられたときには、他にもこんなふうに返すと好感度がアップするでしょう。

That's a nice thing to say.
おほめいただいて、嬉しいです。

I'll tell her/him you said that. She/He'll be happy to hear that.
彼女／彼にそう伝えておきますね。それを聞いたら、本人もきっと喜ぶでしょう。

You're too kind.
ほんとうにご親切に。

Q05 夜の電話

夜間だが、すでに帰宅した部下に仕事の用事が。
「9時半だけど、ジョンにこのレポートの件で電話してくれる？」と言うと、どうなる？

DANGER It's 9:30, but could you call John about this report?

こう返されるかも? No, I don't want to get sued.
いえ、訴えられたくないので。

なぜNG? もちろん、国や州、そしてそれぞれの会社によって事情は異なりますが、**一般に欧米ではビジネス上のルールとして、夜間、自宅にいる社員に電話をかけてよいとされるのは夜の9時まで**という場合が多いのです。「夜間に電話をかけてもいい」という条項が契約書にある場合は別として、一般的には、夜間に電話するだけで立派な「ハラスメント」とされる可能性があるのです。

しかも、「電話をするのにかかった時間」への「残業代」を支払わなかったということで訴えられる可能性もあります。

実際に、夜の9時半に社員の自宅に仕事の電話をかけたという理由で、会社が社員に数千万円支払ったというケースがあります。

いきさつとしては、その社員が病欠する旨を日中、職場に電話していたのですが、夜間シフトのマネジャーがその伝言を受けておらず、夜間、社員の自宅に電話してしまったのです。

翌日、その社員は弁護士に相談。会社側は裁判を避けるため、示談金数千万円を支払いました。裁判に持ち込まれると負けることが明白だったからです。

こうすれば安心 夜間に仕事の連絡を取りたいときは、こうやって解決しましょう。

057

Part 2 | その英語、訴えられるかも!?

> It's too late to call John. Could you email him about this report?
> ジョンに電話するには遅すぎる時間だね。このレポートについて、Eメールしておいてくれないか。
> Let's talk to John about this report first thing tomorrow.
> 明日の朝イチで、ジョンにこのレポートのことを話そう。

日本人は働きすぎ？

日本人が働きすぎだ、という話はよく耳にしますし、実際、過労死や過労によるうつ病などが、深刻な問題になっているのは事実です。

とはいえアメリカ人も、特にニューヨークなどでは、かなり長時間労働している人が多いのも事実。働き方としては、もちろん必要なときは残業もしますが、朝早くに職場に行き、効率よくこなす、というスタイルもよく見かけます。日本でも最近、特に都心部では朝の時間を効率よく利用しようとする動きがあるようですが、その先駆けと言えるかもしれません。

ちなみにOECD（経済協力開発機構）の調査によると、主な国の2012年の平均週労働時間（製造業）は以下の通りです。

フランス　38.5時間

ドイツ　40.2時間
日本　42.2時間
韓国　43.3時間
イギリス　41.3時間
アメリカ　41.7時間
この数字を見て、「もっと長時間働いてるよ」と思う日本人も多いとは思いますが…。

Q06 プレゼント

仕事のミスをカバーしてくれた同僚にお礼をしたくて、「これ、どうぞ」とプレゼントをすると、どうなる？

DANGER Here's a gift for you.

こう返されるかも？ Oh, I'm sorry. I didn't get you anything.
え、ごめんなさい。私はあなたに何も持ってきてないんだけど…。

なぜNG? 欧米では一般に「プレゼント」は、クリスマスや誕生日など、特別な日のもの。もちろん誰かに何かをしてもらったとき、感謝の気持ちを表すために、ちょっとしたお菓子などを渡したりすることはありますが、かしこまって、

059

Part 2 | その英語、訴えられるかも!?

Here's a gift for you.
これ、あなたに贈り物です。

と言いながらきちんと包装されたプレゼントを渡すと、お返しのプレゼントがない相手としてはちょっと戸惑ってしまうかも。

こうすれば安心　いきなりきちんとしたプレゼントを用意して、Here's a gift for you.と言うと、相手も驚いてしまいますが、ちょっと感謝の気持ちを表したいときもあるもの。

そんなときは、ちょっとしたものを「たまたま」というニュアンスの言葉で渡すと、相手も自然に受け取れるでしょう。

たとえばこんな感じです。

I got a good price on these. Would you like a couple?
これ、安く手に入ったんだけど、よかったらいくつかどうですか？

I thought you might like these Japanese cakes.
こういう日本のお菓子、好きなんじゃないかと思って。

Someone gave me these. Would you like one?
いただきものなんだけど、よかったら。

I stopped by and got some treats.
ちょっとそのへんでおやつを買ってきたよ。

＊この treat は「おもてなし、お菓子」という意味。ハ

060

ローウィーンで、子供が Trick or treat. と言いますが、これは「お菓子をくれないといたずらするぞ」という意味。この treat と同じです。

会社同士のお付き合いは？

お中元やお歳暮なども、欧米人の戸惑うところ。
ちょっと古い話になりますが、バブル期には、日本の会社を訪れた欧米のビジネスマンが、高価な贈り物をもらって困惑することがよくありました。手ぶらで来た相手にとっては、少々居心地の悪い状況になります。また、両社の関係によっては、受け取った側が「これはもしかして賄賂？」などという疑いを抱きかねません。会社への贈り物をする場合は、いきなり訪れるのではなく、前もって相手に伝えておくのが礼儀です。

Q07 お住まいは？

仕事相手との話題を広げようとして、いきなり
「お住まいは？」と聞くと？

DANGER Where do you live?

Part 2 | その英語、訴えられるかも!?

**こう返され
るかも?**

Why do you want to know?
どうして知りたいのですか？

**なぜ
NG?**

日本では、あまり知らない相手でも、話を広げよ
うとしてなにげなく、「どちらに住んでいらっし
ゃるのですか？」とか「お住まいは？」のように聞くこと
も多いもの。

けれど英語の、Where do you live? は警察などが「ど
こに住んでる？」と不審者などに使うような言葉。

話の種としていきなり相手にこう切り出すと、びっくり
されたり、場合によっては不快に感じるネイティブもい
るのです。

またなんらかの理由で、住んでいる場所を答えたくない
人もいるかもしれません。そんなときにはちょっと気ま
ずいムードに。

アメリカなどでは、スラム街などあまり評判がよくない
場所もあるので、そういうところに住んでいる人にも気
遣いする必要があります。

**こうすれ
ば安心**

住んでいる場所については、こんなふうに切り出
せばよいでしょう。

Are you from around here?
このあたりのご出身ですか？
Do you live near here?
このあたりに住んでるの？

062

＊ただしこのフレーズを、バーなどで見知らぬ異性に対して使うと、確実に「ナンパのセリフ」になってしまうので注意！

Are you from San Diego?
サンディエゴのご出身ですか？
＊今いる場所が San Diego である場合の尋ね方。

Q08 お友達になりたいのですが

ビジネス関連の欧米人と親しくなりたくて、
「お友達になりたいのですが」と言うと、どうなる？

DANGER I want to be your friend.

こう返されるかも? That's okay, but I'm kind of busy.
いいですけど、ちょっと忙しくて。

なぜNG? もちろん日本でも、特にビジネス関連の相手に向かって、いきなり「お友達になりたいのですが」などと言う人はいませんよね。
けれど、外国人を前にして、もっと親交を深めるにはどんなふうに切り出せばよいかわからず、思わずこんなふうに口走ってしまう日本人も、実際にいるようです。

063

Part 2 | その英語、訴えられるかも!?

もちろん、そう言ってしまった人の気持ちをくみ取って
くれる相手もいるでしょうが、日本人に慣れていない外
国人だと、ちょっとびっくりして、
That's okay, but I'm kind of busy.（いいですけど、
ちょっと忙しくて）
と話をそらされるかもしれません。
また言い方にもよりますが、I want to be your friend.
には、なんだか必死な気持ちが込められている感じがす
るし、あるいは子供っぽく聞こえることもあります。

> **こうすれ**
> **ば安心** 相手ともっと親しくなりたいときはこんなふうに
> 切り出せばOK。

> Let's go out for a drink sometime.
> いつか飲みにでも行きましょう。
> Why don't I drop by and we can have lunch?
> そちらに立ち寄ったときに、ぜひランチでも。

"I want to be your friend." の真意

ネイティブは、
I want to be your friend. や
I'm trying to be your friend.（友達になろうと頑張って
いる）
というフレーズを「私を敵ではなく、友達だと思って」
つまり、「あなたのためにやってるの」と言いたいとき

064

に使うことがあります。

たとえばこんな感じです。

A: Why did you tell her I was in debt?
なんで僕に借金があることを彼女に言ったの？

B: She needs to know the truth.
彼女は真実を知る必要があるの。

A: What?! You're destroying my life!
なんだって!? 僕の人生をめちゃめちゃにしてるくせに！

B: I'm trying to be your friend. It's better that she knows now.
あなたのためにやってるのよ。彼女はもう知ってる、この方がいいの。

Q09 得意じゃないんです

ちょっと謙遜して、
「営業はあまり得意ではないんです」と言うと？

🚨 DANGER　I'm not very good at sales.

🗣 こう返されるかも?　Oh, you don't like doing sales?
ああ、営業が好きではないのですね？

065

Part 2 | その英語、訴えられるかも!?

×
なぜ
NG?
日本人はよく、自分のことを控えめに話しますね。たとえば自分が営業の仕事をしている場合、「私、営業が得意なんです」ではなく、「あまり得意ではないんですけどね」と言うこともあるようです。

もちろん、実際に「苦手だ」というケースもあるでしょうが、ちょっと謙遜気味に、なにげなくそう口にする人も多いように見受けられます。

けれど国際社会におけるビジネスの場では、自己アピールがしっかりできることが、大きな評価対象となります。そして「得意ではない」と謙遜している態度を見ると、欧米人は、たとえばその会社の製品をセールスするときにも、強力にアピールできないのではないかと不安になるのです。

国際ビジネスの場で活躍するには、日本人の感覚からすると「ちょっとやりすぎかも」と思うくらいがちょうどよいかもしれません。

○
こうすれ
ば安心
とはいえ、「英語では謙遜できない」というわけではありません。「自慢しているように受け取られるのも嫌だな」という人におすすめの、「謙遜しながら、なおかつ自己アピール」といううまい表現をご紹介しましょう。

I'm good at sales.

これは一見「私は営業が得意なんです！」と自慢しているかのよう。けれど、英語の場合これでも「謙遜」と言

えるのです。というのも、「自慢」するとなると、
I'm great at sales.　私の営業力は素晴らしいのです。
くらいの言い方をするからです。これくらい言うと、威
張っているように聞こえ、場合によっては嫌がられるこ
ともあるでしょう。けれど単に、**good** と言うだけなら、
「どちらかというと悪くない」程度のニュアンス。その
ためちょっと謙遜した感じになるというわけです。
I'm pretty good at sales. なら
「まあまあです」という感じで、これも謙遜した言い方。

もっとポジティブ感を出したいなら、

I like doing sales.
営業の仕事が好きです。

がおすすめ。こう聞くと、「あ、かなりうまいんだな」
と思われるでしょう。

他にもこんな言い方があります。

I enjoy doing sales.
営業の仕事、楽しんでやってます。
Doing sales comes naturally to me.
営業は、私の性に合ってるんです。

＊ **come naturally to...** は「…の性に合う」という意味。

I like talking to people, so I enjoy doing sales.
人と話すのが好きなので、営業は楽しんでます。

067

Part 2 | その英語、訴えられるかも!?

Q 10 無宗教です

What's your religion?（宗教はなんですか？）と聞かれて、
「無宗教です」と言うと？

🔥 DANGER **I don't have a religion.**

👤))こう返されるかも?
Really? Let me tell you about my religion.
本当に？では、私の宗教についてお話させてください。

✕ なぜ NG? 宗教の問題はとてもデリケートなので、簡単に説明できることではありません。

けれど話のなりゆき上、もしも相手から宗教について尋ねられるという局面になったとき、どんな対応をすればいいか、少し触れておきましょう。

外国人との会話の中で、日本人が最も苦手とするトピックのひとつが宗教ではないでしょうか。無宗教、または、特定の宗教を信仰していてもそれほど熱心ではない人の多い日本では、宗教が話題に上ることはあまりありません。一方、昔ほどではないにせよ、欧米の人にとって「神を信じるか否か」は、大きな問題。**「特に信仰している宗教はない」**という軽い気持ちで、

I don't believe in God.　（神様は信じていないので）

068

と言ってしまったりすると、神を信じている人にとっては、挑発ともとれる発言になってしまいます。

また「宗教のことはあまり考えたことがなくて」と伝えたくて

We don't think much of religion. と言うと、「宗教のことはあまり評価してない」つまり「宗教はあまりよくないと思う」というニュアンスになってしまうので注意。

また、I don't care about religion. と言うと、「宗教のことなんかあまり気にかけてない」つまり「宗教なんかどうでもいいと思っている」というニュアンスに聞こえてしまいますので、これも注意。

「無宗教です」はそのまま訳すと、

I don't have a religion.

となり、これで通じる相手もいるでしょう。

けれど「私に合う宗教はまだ見つかっていないのです」というニュアンスにも聞こえるので、相手が宗教熱心な場合は自分の宗教を布教したくなるかもしれません。

◎
こうすれ
ば安心
「宗教についてそこまで深く考えたことがない」と言いたい場合は、

I'm not very religious.
あまり宗教熱心ではなくて。

とか、

I don't have any strong beliefs.
特に強い信心を持っていないんです。

Part 2 | その英語、訴えられるかも!?

というような言い方をすれば通じます。

けれど相手が宗教熱心な場合には、それでもやはり布教したくなるかもしれません。もし実際そういう局面になったとき、その場の雰囲気を壊さずに、できるだけやんわり別の話題に持っていくには、こんな言葉がおすすめ。

I'm sorry, but I'm not interested in religion at this time in my life.
ごめんなさい、今はまだ宗教のことに、あまり興味が持てなくて。

I don't want to get too deeply into that topic.
その話題は、あまり深めたくないのですが。

また、もう少しはっきりと「その話題を避けたい」と言いたい場合は、

I'm sorry, but I don't feel comfortable talking about religion.
ごめんなさい、宗教の話は、ちょっと居心地悪くて。

のように言えばよいでしょう。

これらは宗教以外でも、とにかく自分の避けたい話題になったときに応用できるので、覚えておくと便利。

ちょっと仏教に関心がある場合

自宅に仏壇を置いていたり、お葬式を仏式でやったりしていて、自分が仏教徒だと言うことにさほど抵抗がないようなら、

I'm Buddhist. 仏教徒です。

のように答えておくのもひとつの手段かもしれません。そこまで仏教に熱心なわけではなく（また、たとえば初詣には神社に行くとしても）、もしかすると自分でも気付かない心の奥に信心の気持ちがあるかもしれませんし。

もっとぼかした感じで言いたいなら、

> I'm a casual Buddhist.
> ちょっと軽めの仏教徒です。
> I guess I'm a Buddhist, like most Japanese.
> 仏教徒でしょうかね、ほとんどの日本人と同じで。

のように言うこともできます。この場合、仏教についてなにか尋ねられる可能性もありますが、それをきっかけに、宗教について自分なりに少し考えてみるのもいいかもしれません。ネイティブとの交流には、そういうおもしろさもあります。

Q11 日本には四季があります

日本について語りたくて、
「日本には四季があるんですよ」と言うと？

DANGER Japan has four seasons.

Part 2 | その英語、訴えられるかも!?

こう返されるかも? **So does my country.**
私の国にもありますよ。

なぜNG? 自分の国を紹介するときによく、
Japan has four seasons.
という日本人がいます。けれど、こう聞くと欧米人はちょっと不思議に感じるのです。欧米にも四季のある国が多いし、どうして日本人がわざわざそのことに言及するのか理解できないからです。

おそらく、日本人が言いたいのは、

Japanese focus a lot on the seasons.
日本人は季節感を大事します。

のようなことではないでしょうか。

実際、日本人は春は花見、夏は蛍や花火、秋は月見に紅葉狩り、冬はこたつで鍋料理、など季節ごとの行事や料理を楽しむ傾向が強いですね。また天気予報でも、「桜の開花予想」「春一番」「梅雨前線」「木枯らし1号」など、季節の変わり目を伝える情報が大きく取りあげられます。

一方欧米では、もちろん例外はありますが、一般的にはそこまで「季節」によって料理を変えたり、風流を楽しんだりするわけではありません。

こうすれば安心 「季節に敏感」であることは、次のようなフレーズで伝えましょう。

Most Japanese celebrations are connected to the seasons.
日本ではお祝い事などの多くが、季節に関するものなんですよ。

Japan has a lot of seasonal events.
日本には季節ごとのイベントがたくさんあるんです。

Japanese food changes with each season.
日本では料理が季節ごとに変わるんですよ。

Japanese seem to really enjoy each season.
日本人はそれぞれの季節を心から楽しむんです。

We seem to enjoy the changing seasons.
私達は、季節の移り変わりを楽しむんですよ。

"We Japanese" だとダメ？

自分が日本人で、自分達の話をするのだからということで、主語を、We Japanese… とする人もいるでしょう。けれどこの言い方だと、「あなた達と違って」というニュアンスが込められているように受け取られてしまいます。

そのため、We Japanese… の後に「ポジティブな内容」を続けると、「あんた達と違って、我々日本人はなぁ…」と威張っているようなイメージになってしまいます。

逆に「ネガティブな内容」の場合は、威張っているわけではないので、うまく通じます。たとえば、

Part 2 | その英語、訴えられるかも!?

> We Japanese seem to be poor at expressing our opinions.
> 私達日本人って、自分の意見を表現するのがなんだか苦手なんですよ。

のような内容なら、うまく使えます。

「季節の移り変わりを楽しむ」のような場合、こちらが「自慢している」つもりがなくても、相手にそう取られる可能性があるので、主語は We Japanese ではなく、Japanese あるいは We にして、さらりと述べる方がベターです。

Q12 今どきのレディファースト

アメリカで、前を行く女性を追い越してホテルのドアを開け、
「レディファーストですからね」と言うと？

DANGER Ladies first.

こう返されるかも? I'm not your girlfriend!

なぜNG? 欧米では「レディファースト」が常識なのだと思い込み、気を使いすぎる日本人をときどき見かけ

074

ます。けれど今では昔ほど「レディファースト」を気に
する人はいなくなっています。それどころか、「逆差別」
だと思われることも。

ですから Ladies first. と言いながら、わざわざ見知ら
ぬ女性を通してあげるのは、ちょっと不自然。相手はび
っくりするかもしれません。

女性のためにドアを開けて通してあげる習慣は、かつて
はドアも重くて女性の力で開けるのが大変だったことか
ら始まったものですが、最近は重いドアも少なくなって
いますし、自動ドアも多いもの。

だから、レディファーストに慣れていない日本人が、無
理して必要以上にレディファーストを実践する必要はあ
りません。

後ろから誰かが来ている場合、相手が男性であろ
うと女性であろうと、ドアが勢いよく戻って当た
ったりすることのないように押さえておく、くらいの自
然なマナーでOK。要するに日本と同じ感覚で大丈夫と
いうことです。

ドアを押さえてあげたり、後の人を先に通してあげると
きのフレーズには次のようなものがあります。

▎ Let me get the door for you.
　ドア、押さえてますからね。
▎ Why don't you go ahead?　お先にどうぞ。
▎ Please, go ahead.　どうぞ、お先に。

075

Part 2 | その英語、訴えられるかも!?

▌ **Please.** （手で先に通るよう合図しながら）どうぞ。

覚えておきたい "Beauty before age."

これは Age before beauty. の逆バージョン。
Age before beauty.は、たとえば年配の男性が「お先に
どうぞ」と言ってくれたときに、

▌ **No, no. Age before beauty.** いえいえ、あなたから。
という感じで使います。
直訳すると「美人／ハンサムより年配の方が優先ですよ」
となり、あえて自分を「美人／ハンサム呼ばわり」する
ことで、ジョークにして、その場を明るくしようとする
ユーモアたっぷりのフレーズ。男女ともに使えます。

そして、**Beauty before age.** はこれを逆にしたもので、
年配者の男性が、女性に向かって、**「年寄りより美人が
優先ですよ」**というもの。これもジョークで「お先に」と
いう表現。自分の方が実は相手より若いかも、という場
合でも、ジョークめかして言うこともできます。ちょっ
と上級ワザが必要ですが、うまく使えば洗練された感じ
を出すことができます。

076

Q13 礼儀正しい方ですね

相手をほめたくて、
「あなたは本当に礼儀正しい方ですね」と言うと？

DANGER You're really polite.

こう返されるかも？
Oh... I hope I'm not boring you.
えっと、あなたを退屈させていなければいいのですが。

なぜNG? polite は「礼儀正しい」という意味。そのうえ辞書には「上品な、洗練された、教養のある」などの意味も載っています。そして日本では「礼儀正しい」ことは「とてもいいこと」だとされています。そこで polite は間違いなく「ポジティブ」な意味であり、ほめ言葉として使えるだろうと思いますよね。
ところがネイティブにとって、
You're polite.
は、それほどうれしい言葉でもないのです。
もちろん「ほめ言葉として言ってくれているのだな」と受け取るネイティブもいるでしょうが、polite には「面白くない人、お堅い人」というニュアンスがあるので、「ひょっとして、退屈させてるのかな？」と心配になるネイティブもいるでしょう。

077

こうすれば安心

日本人と比べて「ユーモア」を、より大切にするネイティブにとっては、polite と言われるよりも、

You're really friendly.
とってもフレンドリーな方ですね。

と言われる方がうれしいほめ言葉。

もし、相手が思いやりのある態度で接してくれていることをほめたくて、You're polite. と言いたいのなら、「あなたの思いやりのある態度のおかげで、自分がすごくいい気分でいられます」という気持ちを込め、こんな感じでほめると、相手も素直に喜べます。

You're a lot of fun to be around.
あなたがいてくれるとすごく楽しい。
I'm having a great time, thanks to you.
あなたのおかげで、とっても楽しいです。

Part 3

その英語、
ネイティブは
ハラハラします

日本人英語には、聞いているネイティブの方がハラハラ、ドキドキあるいは、ちょっとイラッとすることがよくあります。その英語が「実際どう聞こえるか」を知れば、きっと聞いているネイティブの気持ちがわかるはず。

Part 3 | その英語、ネイティブはハラハラします

Q01 私のことは気にしないで

相手を気遣って、
「私のことは気にしないでね」はなんと言う？

⊗DANGER ▶ Don't take care of me.

こう伝わる! ▶ 病人扱いしないでよ！

OK! ▶ **Don't worry about me.**
大丈夫だから。私のことは心配しないで。

⊗ なぜ NG? 日本人がちょっとしたニュアンスをとり違えやすいものに、take care of というフレーズがあります。take care of ＋人は「（人）の面倒をみる、世話をする」という意味で、実際にその人が病気であり、世話をする必要がある場合に使うもの。そのため、
Don't take care of me.と言うと、世話を焼こうとする相手に対して「病人扱いしないで」というときに使うフレーズになってしまうのです。そして、こんな返事が返ってくるかも。

┃ Okay, but you don't have to get angry.
┃ いいさ、けど、怒ることないんじゃない。

take care of を使う例としてはこんなものがあります。たとえば親が子供を心配して、門限などの注意をしてい

080

るときに子供が、

I can take care of myself.

と返す。これは「自分の面倒くらい、自分で見られる」
つまり「親に迷惑はかけない」ということ。

「気にしないでね」と言いたいときは、

▌ **Don't worry about me.** 私のことは心配しないで。

のように言えばOK。

ネイティブ流 イントネーションに自信のない場合

Don't worry about me. は「私のことなんか気にしなく
ていいから」という意味なので、イントネーションを間
違えると、ちょっとスネているように聞こえることもあ
ります。実際、ネイティブはイントネーションをうまく
操って、スネているときにわざと皮肉っぽく使うことも
あるのです。

イントネーションに自信がなければ、前に I'm okay.
を付けて、

I'm okay. Don't worry about me.

とすれば安心です。また単に、

Don't worry.

と言っても大丈夫。ちょっとぶっきらぼうに思えるかも
しれませんが、心を込めて言えば「心配しないで。大丈夫。
おかまいなく」というニュアンスとして素直な気持ちが
伝わります。

081

Part 3 | その英語、ネイティブはハラハラします

ネイティブ流 「遠慮」の伝え方

I don't want to bother you.
ご迷惑をおかけしたくないので。
I don't want to take up your time.
お時間をとらせたくないので。
＊この take up は「(時間を)とる」という意味。
Don't let me interrupt you.　お邪魔したくないので。
Don't let me put you out.
お手数をおかけしたくないので。
＊ put 人 out は「迷惑をかける、手間をかける」という
意味。

ネイティブ流 「心配」いろいろ

Don't worry about me. や Don't worry. なら「心配し
ないでね」という意味になりますが、
Don't worry me. と言うと、
「私に迷惑をかけないで」という意味になるので注意！
about を省いたり、あるいは me を入れるだけで、意
味がこんなに変わってしまうのです。「worry＋人」で、
「人に心配をかける、迷惑をかける」という意味になる
からです。
実際のところ、Don't worry me. というフレーズ自体
は、ネイティブはあまり使いません。けれど、

Don't worry him. 「彼に迷惑をかけないでね」のように他人への心遣いを表す場合にはよく使います。ですから、Don't worry me.と言われたら、ネイティブは「私に迷惑をかけないで」という意味だと受け取ってしまうでしょう。

ネイティブは worry をこんな感じで使います。

I'm really worried about him.
私、本当に彼のことが心配。

He heard about the accident, and it really worried him.
彼は事故のことを聞き、本当に心配になった。

I'm sorry for making you worry.
心配かけて、ごめんなさい。

My daughter worries me sick.
娘のことが心配で病気になりそう。

Money is always a big worry for her.
彼女にとって、お金はいつも大きな心配事だ。

Let's have a drink and forget our worries.
飲んでウサ晴らしだ！

Q02 一緒に来る?

友達をパーティーに誘って、

083

Part 3 | その英語、ネイティブはハラハラします

「私と一緒に来る？」はなんと言う？

DANGER > You may come with me.

こう伝わる! > 私と一緒に来てもよろしい。

OK! > **You can come with me.**
私と一緒に来る？

なぜNG? 「may＝してもいい」と習った人が多いと思いますが、実はこの使い方はかなり昔の話。許可を表す may は、たとえば、王様が召使に向かって、**You may...**(…してもよろしい)と許可を出すような場合に使うもの。今日の日常会話では、**may** はほとんど「**かもしれない**」という意味でしか使われないと言ってもいいでしょう。

たまに、厳しい親が子供に向かって、

You may come with me.　一緒に来てもよろしい。

と言うことはあります。

けれど友人や同僚に対してこう言うと、

Thank you for your permission.
ご許可いただき、ありがとうございます。

と皮肉っぽく返されるかも。

こんなときは can を使うのがナチュラル。

You can come with me.

なら、「一緒に来てもいいよ」という軽い誘い文句にな

084

ります。

ネイティブ流 相手によって誘い方を変えよう！

I know! Let's go together.
そうだ！一緒に行こうよ！
＊今、思いついて誘っている感じ。

Why don't you come with me? 一緒に来ない？
＊カジュアルな誘い方。

If you'd like, you can come with me.
よかったら、一緒に来る？
＊優しい感じ。

I'd like to invite you to come with me.
一緒に来てもらえるとうれしいのですが。
＊丁寧な感じ。

It would be my honor if you would come with me.
一緒に来ていただけると、光栄です。
＊目上の人に対する、とても丁寧でかしこまった誘い方。

Q03 お待ちしています

来社予定の相手に、

Part 3 | その英語、ネイティブはハラハラします

「お待ちしております」は、どう言う？

🔴**DANGER** ▷ I'm waiting.

📢**こう伝わる!** ちょっとぉ、待ってるんだけど、急いでよね。

✋**OK!** ▷ **I'll be waiting for you.**
お待ちしております。

✋**TPO OK!** ▷ **I'll see you then.**
その時にお会いしましょう。

❌**なぜNG?** I'm waiting.は、相手がなにかするだろうと思っているのになにもしない、なにか言うだろうと思っているのになにも言わない、というような場合に、「**待ってるんだけど**」という感じで使うフレーズ。ここには「**急いでくれないかなぁ**」というニュアンスが込められることも多いのです。

「お待ちしてます」と言いたいときは、
I'll be waiting for you. とすればOK。具体的に、

I'll be waiting for you at 3:00 on Friday.
金曜の3時に、お待ちしてます。

のように言うこともできます。また、

I'll see you then.

ではそのときにお会いしましょう。

でも OK。こちらも具体的な日時を付けることができます。

I'll see you at 2:00 on Wednesday.
水曜の2時にお会いしましょう。

ネイティブ流 wait の使い方

I'll be waiting for you in front of Hachiko.
ハチ公前で待ってるね。

I don't mind waiting. Take your time.
待つのはかまわないから、ごゆっくりどうぞ。

Thanks for waiting for me.
待ってくれてありがとう。

Sorry to keep you waiting.
待たせて、ごめん！

Could you wait for me?
お待ちいただけますか？

Don't wait for me. I'll catch up later.
私を待たないでね。後で追いつくから。

Q04 へぇ、そうなの？

相手の話に興味を示して、

087

Part 3 | その英語、ネイティブはハラハラします

「へえ、そうなの？」はなんと言う？

● DANGER ▷ Is that so?

こう伝わる! ▷ え、そうなのぉ？　違うでしょ？

OK! ▷ **Oh, really?**
へえ、そうなんだ。

TPO OK! ▷ **Oh, that's interesting.**
へ〜え、おもしろいね！
＊より興味を持っていることを示したいときは
これ。

なぜ NG? あいづちとして、「ああ、そうなの」と言うときに、
うっかり、

Is THAT so? と言ってしまう日本人、結構多いようです。
ところが特に that を強調して言ってしまった場合、「ネ
ガティブな意味」だと受け取るネイティブも多いのです。
たとえば、

Why are you interested in THAT guy?
これは「なんであんな男なんかに興味を持ってるの？」
というふうに、その男について「自分はいいイメージを
持っていない」というネガティブ感を出したいときの表
現。「いけすかない男」という感じです。
ネガティブ感を出したくない場合は、that guy ではな

088

く him を用い、

Why are you interested in him?
なんで彼に興味を持ってるの？

と言います。

同様に、Is that so? を、特に that を強調して言ってしまうと、

「そうなの？　違うでしょう？」と相手を疑っていることに。

単なるあいづちの場合は、

Oh, really?

もっと興味を持っているという積極性を示したいときは、

Oh, that's interesting.

のように言います。この場合の that は後にポジティブな語をつけているので大丈夫。

ネイティブ流 ネガティブな that

I don't want to talk to that woman.
あんな女とは話したくもないね。

That store is really dirty.
あの店ときたら、ほんとに不潔なんだから。

That customer is really irritating.
あの客め、ほんと、イラつくなあ。

Don't do that again!
そんなこと、二度としないで！

Part 3 | その英語、ネイティブはハラハラします

I don't want to go to that movie.
あんなひどい映画、見になんか行きたくないよ。
That's ugly. Don't buy it.
それ、ダッサーイ。買っちゃダメ！
＊服などに使えます。

Q 05 質問はありますか？

プレゼンを終え、
「私のプレゼンについて、なにか質問はありますか？」は
なんと言う？

● DANGER Is there some question about my presentation?

》】こう伝わる! 私のプレゼンについて、なにか疑ってます？

✋ OK! **Are there any questions about my presentation?**
私のプレゼンについて、何か質問はありますか？

✕ なぜ NG? question には「質問」の他に、「疑い、疑問（の余地）」という意味もあります。「疑問」という意味の場合、ふつう複数形にしません。たとえ some（いくつかの）などを前に置いた場合でも、単数形で表します。

090

I have some question about his honesty. は、
「私は彼が正直かどうか、多少疑問を抱いている」とい
う意味。
一方「質問」という意味の場合は、
I have three questions.（3つ質問があります）
のように、複数形であれば -s をつけます。
ちなみに question は動詞として「尋ねる、質問する」の
他、「疑う」という意味でも使えます。
I question his motives. は、
「私は彼の動機を疑っている」という意味。

ネイティブ流 question の使い方

Are you questioning me?　私を疑ってるの？
＊「私が嘘を言っていると思っているの?」という意味。

The client had some question about our
dependability.
クライアントは我が社の信頼性を疑っていた。

There are some questions about your proposal.
ご提案についていくつか質問があります。

There was some question about our purpose.
我々の目的について多少の疑いがもたれた。

There were some questions about our purpose.
我々の目的についていくつか質問が出た。

Part 3 | その英語、ネイティブはハラハラします

> He had some question about the existence of God.
> 彼は神の存在について少し疑問を持った。
> He had some questions about God.
> 彼は神についていくつか質問した。

Q06 すごく楽しかったね

昨夜のパーティーを楽しんだことを伝えたくて、
「昨日の夜はすごく楽しかったね」はなんと言う？

DANGER Last night was too fun.

こう伝わる! 昨晩楽しみすぎて、二日酔いだよ～。

OK! **Last night was a lot of fun.**
昨晩はほんと、楽しかったね。

なぜNG? 「すごく」と言いたいときに too を使う人をときどき見かけます。けれど too は「あまりに…すぎて（〜できない）」という状況で使う言葉なので、「楽しすぎて現実に戻れない」とか「楽しすぎて飲みすぎ、二日酔いになっちゃった」というように、後に何か悪いことが起こったのかな、と受け取られる可能性があります。

092

「おおいに、すごく」は a lot of などで表しましょう。

ネイティブ流 いろいろな表現

I'm too tired to walk any more.
ヘトヘトで、もう歩けない。
I have a lot of clothes.
服をたくさん持ってるよ。
I have too many clothes.
あまりにも服が多すぎるから、処分しなくちゃ。
Is it too late to change my mind?
方針を変更しても、もう遅すぎるかな？
He made a lot of money in the stock market.
彼は株で大もうけした。
I'm too old to ski.
スキーをやるには年をとりすぎてるなぁ。

Q07 大幅に値引きしてもらったよ

値引き交渉成立。ネイティブの同僚に、
「大幅な値引きをしてもらったよ」はなんと言う？

DANGER He gave me a discount a lot.

Part 3 | その英語、ネイティブはハラハラします

🗣️ **こう伝わる！** 彼はしょっちゅう、値引きしてくれたなぁ。

👍 **OK!** **He gave me a big discount.**

❌ **なぜ NG?** 前項では a lot(of) を「たくさん（の）、おおいに」という意味で紹介しました。もちろんその意味でもよく使います。けれど、使い方にはちょっと注意が必要。というのも、**a lot** で「頻繁に、しょっちゅう」という「頻度」を表すケースもあるからです。

He gave me money a lot. と言うと、

「彼はしょっちゅう私にお金をくれた」という意味に。

He often gave me money. と同じ意味になるのです。

一般に、a lot を文末に置くと、副詞として使われることになり「頻繁に」という意味になります。「お金をたくさんくれた」と言いたいときは、

He gave me a lot of money.

というふうに a lot of の形にして名詞（ここでは money）の前に置きます。

┃ **ネイティブ流** **Thanks a lot.**

ネイティブは「ありがとう！」と言いたいときによく、

Thanks a lot.

と言います。この **a lot** も副詞としての用法。この場合は「しょっちゅう」ではなく「とても」という意味です。

094

この言い方は、Thank you very much.よりフレンドリーで感謝の気持ちがうまく伝わるフレーズ。ぜひ覚えておきましょう。

ネイティブ流 「頻繁に」のa lot

I used to go to the beach a lot.
昔はよくビーチに行ったものだなぁ。

We used to have house parties a lot.
昔はよくホームパーティーを開いたよね。

She calls me a lot, almost five times a day.
彼女はしょっちゅう電話してくるんだ、1日5回くらい。

I get my hair cut a lot, about three times a month.
私はよく髪を切るの、月に3回くらいかな。

I need to go to the gym a lot.
もっとちょくちょくジムへ通わなきゃ。

---

08 はい、どうぞ

物を渡しながら、「はい、どうぞ」はなんと言う？

DANGER ▶ Here.

こう伝わる! ▶ ほらよ、早く取りな。

Part 3 | その英語、ネイティブはハラハラします

👌 OK! **Here you go.**
はい、どうぞ。

👌 TPO OK! **This is for you.**
これ、あなたのです。
＊複数の人に、資料などを配る場合に使います。

👌 TPO OK! **Here's the newspaper.**
はい、新聞です。
＊具体的に物の名前を言いながら渡したい時に
使えます。

✕ なぜ
NG?
人に物を渡す場合、単に Here. と言ったら、相
手はちょっとカチンとくるかも。イントネーショ
ンにもよりますが、Here. は怒って物を渡すときに、「は
い、取って」「さあ早く取ってよ」「だらだらしないで」と
いうニュアンスで使うことが多いからです。

ネイティブなら、イントネーションをうまく使い分け、
「はい、どうぞ」という丁寧なニュアンスになるように
言うこともできますが、ノンネイティブは気をつけた方
がいいでしょう。

Here you are. というフレーズを覚えた人が多いと思い
ますが、よりカジュアルなフレーズとして、**Here you
go.** がおすすめ。

これなら「はい、どうぞ」という気持ちがうまく伝わり

096

ます。
ちなみにこの go の意味は専門家の間でも意見が分かれるところなので、あまり深く考えなくて OK。

ネイティブ流 "here" の使い方

| Here we are!　さあ、着いた！
| Here it is!　あった!!
＊探し物がやっと見つかったときなどに使います。物を渡すとき「はい、どうぞ」という意味でも使えないことはありませんが、ネイティブはたいてい「あった！」というときに使います。
| Here.　はい。
＊出席の返事として使う分には問題ありません。
| Here we go again.　また嫌なことが始まったよ。
| Here goes (nothing)！
| よしっ、とにかく始めよう。／ダメモトでやってみよう。
＊大胆なこと、不愉快なこと、困難なことなどを始めるときのかけ声。

Q 09　今回は、ありがとう！

お世話になった相手に、

Part 3 | その英語、ネイティブはハラハラします

「今回は、本当にいろいろありがとうございました」は
なんと言う?

DANGER This time, we appreciate your help.

こう伝わる! 前回は感謝しませんでしたが、今回はあなた
の助力に感謝します。

OK! **Thanks for all your help.**
いろいろとどうもありがとう!
＊カジュアルでフレンドリーな感じ。

TPO OK! **We appreciate your help.**
ご助力に感謝します。
＊冷静な感じで、会話としては少し社交辞令的。

なぜ NG? 日本人が「この度」「今回」などをそのまま this
time という英語に訳してしまうことに、ネイテ
ィブはちょっと違和感を覚えます。this time と言うと、
「前回と違って」という意味になってしまうからです。
たとえば、
You did a good job this time.(今回はよくやったね)
と言うと、
「前回はダメだったけどね」というニュアンスになるの
です。
多くの場合、「この度」「今回」は無理に訳さない方が英

098

語として自然な文章になります。

どうしても言いたいときは、today あるいは this week など、具体的な時期をつければOK。

You did a great job this week.
今週は素晴らしい仕事をしたね。

という感じです。

| ネイティブ流 | **this time** |

This time I'm going to try harder.
今回は、もっとがんばるつもり。

This time I want you to do it right!
今回はちゃんとやりなさいよ。

I'll let you use my computer, but only this time.
私のコンピュータを使ってもいいよ、ただし今回だけね。

Try again, but this time push a little harder.
もう一度やってみて、ただし今度はもうちょっと強くプッシュしてみることだね。

This time I really messed up.
(前はちょっとしたミスだったけど)今回はとんでもないミスをした。

099

Part 3 | その英語、ネイティブはハラハラします

Q10 7時ちょうど

映画の上映時間を尋ねられ、
「映画は7時ちょうどに上映されるよ」はなんと言う？

DANGER The movie is just at 7:00.

こう伝わる! 映画は7時きっかりその瞬間だけ、上映される。

OK! **The movie will start at 7:00 sharp.**
映画は7時ちょうどに始まるよ。

なぜNG? 時間について「ちょうど」と言うとき、just を使ってしまいがちですが、**just at 7:00 は「7時きっかり、その瞬間だけ」**という意味になるので注意。
たとえば期間を表すときにも、just を使って、
The cafe is open just on weekdays. と言うと、
「そのカフェは平日だけ開いている」、つまり「**週末は閉店している**」という意味になりますが、それと同じこと。

「きっかりに始まる」と言いたいときに使えるのは sharp。この sharp は副詞で、時間を表す数字などの後に置きます。
「映画は7時ちょうどに始まる」は、
The movie will start at 7:00 sharp.

と言えばうまく伝わります。
「今、ちょうど8時だ」は、
It's 8:00 sharp. あるいは、
It's exactly 8:00.
「そこには5時ちょうどに行くからね」と伝えたいときも、
I'll be there at 5:00 sharp. と言えばOK。

ネイティブ流 justと時間の使い方

こんなケースでは just を使えます。

I can call you just at 12:00 noon.
君に電話できるのは、お昼の12時だけだ。

ちなみに「正午」は単に at noon と言ってもいいのですが、「昼ごろ」でも「24時」でもなく、はっきりと「正午12時」と言いたいときには at 12:00 noonと言います。
ちなみに一般的に欧米人は日常会話で13時とか15時という言い方はしません。この時間の表し方はアメリカでは military time と言い、軍関係者以外は使わないのです。イギリスではrailway time と言います。

ネイティブ流 justの使い方

We have just one week to finish this job.
この仕事、たった1週間で終えなければならない。

＊この just は「たったの」という意味。

101

Part 3 | その英語、ネイティブはハラハラします

I need just a minute to finish.
仕上げるのにちょっと時間をください。

I just have 30 minutes for lunch.
ランチの時間は30分しかない。

＊justを置く位置を動詞の後に持ってきて、I have just 30 minutes for lunch. としてもOK。

It'll take just an hour to get there.
そこに行くのにちょうど1時間かかる。

He's just a child.
彼はまだほんの子供なんだから。

Q11 やせたいと思ったんだ

「なぜジョギングをはじめたの？」と聞かれ、
「やせたいと思ったんだ」はなんと言う？

🔴DANGER I thought I wanted to lose weight.

こう伝わる！ やせたいと思ったけど、実はそうじゃなかったと後で気づいた。

OK! I wanted to lose weight.
やせたいと思って。

ⓧ なぜ NG? I thought ... の後に過去形を続けると、「(その時は) そう思ったけれど、今は違う」というニュアンスになるので注意。

I thought you were going to come.

これは「君が来るつもりだと思った」という意味ですが、「来るかと思ったのに、来なくてがっかり」という気持ちを表す表現。

I thought it was going to rain.　雨が降るかと思った。

の場合、実際には雨は降らなかった、ということになります。

つまり、たいていの場合「thought には『でも』がつく」ということ。

「実際にそうだった」場合は、think を使わず、単にwanted を使って、こんな感じで言えばOK。

I wanted to lose weight, so I started a diet.
やせたいと思って、ダイエットを始めたんだ。

ちなみに、「雨が降ると思ったら、やっぱり降った」という場合は、

I expected it to rain and it really did.

のように言います。

ネイティブ流 **thoughtの使い方**

I thought she was married.
彼女は結婚してるだろうと思ってたけど、違った。

103

Part 3 | その英語、ネイティブはハラハラします

I thought I was going to die.
死ぬかと思ったよ〜。
I thought I was going to learn Spanish.
スペイン語を習おうかと思ったけど、やめた。
I thought she was in love with me.
彼女は僕に気があると思ってたけど、勘違いだったみたい。
It wasn't as hard as I thought.
意外と簡単だった。

Q12 公務員です

「彼女はなんの仕事してるの？」と聞かれ、
「公務員だよ」はなんと言う？

DANGER She works for the government.

こう伝わる! 彼女、スパイなんだ！

OK! **She's a civil servant.**
彼女は公務員だよ。

なぜNG? 「彼女は銀行で働いている」は、
She works for a bank.

だと習った人、多いでしょう。これはこれで正しいのです。ただ、その言い方を「公務員」に当てはめて、
She works for the government.（彼女は政府のために働いている）と言ってしまうと大変です。こう聞くと、ネイティブは
「え！？彼女、スパイなの？」と受け取ってしまうからです！
「スパイ」と聞いても、日本人はちょっとピンとこないかも。けれど少し前にロシアのスパイが逮捕され、「美しすぎるスパイ」などと世間を騒がせたことが示すように、スパイは今も世界中で暗躍しています。そのためアメリカ、ロシア他、ヨーロッパ各国でも、スパイに関しては日本人より敏感。
そして、
She works for the government. は、とてもあいまいな言い方なので、「なにか隠そうとしている、秘密の匂いがするぞ」という印象を受け、
「ははーん、She's a spy. と言いたいのだな」
と思ってしまうのです。
「公務員だ」と言いたいときは、

He works at the embassy.
彼は大使館で働いている。
He works for the Department of Defense.
彼は国防総省に勤めている。

のように、具体的に言うことが多いでしょう。

105

Part 3 | その英語、ネイティブはハラハラします

単に「公務員だ」と言いたいときは、一般に
He's a civil servant. と言います。

■■ ネイティブ流 **いろいろな「公務員」**

「国家公務員」「地方公務員」取り混ぜて、一般に「公務員」
と言いたい場合、civil servant でOK。
「国家公務員」、「地方公務員」の区別をしたい場合は、
national public servant　国家公務員
local government public servant　地方公務員
などのように言います。さらに詳しく区別したいときは、
state public servant　地方(州)公務員
prefectural public servant　地方(県)公務員
のような言葉を使います。
servant(しもべ)という言葉を避けたい場合は、
government employee
government official
government worker
public employee
などいろいろな言い方ができます。

◆他にもこんな言い方が
Be careful what you say. I think he works for the
government.
言葉に気をつけろ。彼は多分スパイだと思う。

106

You work for the government, don't you?!
お前はスパイだな！

I'm not really a secretary.
I work for the government.
私、実は秘書じゃないの。スパイなの。

Both my parents were civil servants.
うちは両親ともに公務員だった。

My friend works at city hall.
私の友人は市役所で働いている。

I'd like to get a job working for the Ministry of Agriculture and Forestry.
農林省に勤めたい。

Q13 見送りに行ってくる

家に友達が遊びに来てくれた。
「彼女を駅まで見送りに行ってくるね」はなんと言う？

DANGER I'm going to the station to send her off.

こう伝わる！ 彼女を駅まで、おっぱらってきてやる。

OK! I'm going to the station to see her off.

Part 3 | その英語、ネイティブはハラハラします

> ✕
> なぜ
> NG?

名詞の send-off には「見送り」あるいは「送別会」という意味があります。たとえば、

My friends gave me a nice send-off. は

「友人たちが、すばらしい送別会を開いてくれた」という意味。この send-off は goodbye party とも言います。そして send を動詞として使った send + 人 + off、辞書には「見送る」という意味も載っていますが、ふつうネイティブは「帰す」とか「追い払う」あるいは「発送する、行かせる」というニュアンスで使うのです。

たとえばこんな感じ。

> Why did you send him off? I wanted to talk to him.
> どうして彼を帰しちゃったの？　彼と話したかったのに。
> Could you send that guy off? He's bugging me.
> あいつを追っ払ってくれない？　つきまとわれてるの。

＊この bug は「虫のようにうるさくつきまとう」の意味。

「見送る」には see off を使うといいでしょう。こんな感じです。

> I saw my friend off at the airport.
> 空港で友達を見送ったんだ。

see off はどんな状況でも使えますが、ちょっと文学っぽい感じもします。

もう少しカジュアルに言いたいとき、ネイティブはこん

な表現を使います。

I went with my friend to the airport. He's moving to London.
友達と一緒に空港まで行ったんだ。彼、ロンドンに行っちゃうから。

I said goodbye to my friends after the party.
パーティーの後、友達にさよならを言ったよ。

ネイティブ流 「見送る」のバリエーション

Let me walk with you to the elevator.
エレベーターまでご一緒しますね。

Let me show you to the door.
ドアまで案内させてね。

I need to take some clients to the airport.
クライアントを空港まで見送りしないといけないんだ。

If you'd like, I can take you to the airport.
よろしければ、空港までお送りしますよ。

Thanks for seeing me off.
見送ってくれて、ありがとう！

My friends gave me a big send-off before I went to America.
私がアメリカへ行く前に、友人が盛大な送別会を開いてくれた。

Part 3 | その英語、ネイティブはハラハラします

Q14 料理を作ってくれた

母親が病気になり、
「パパがみんなに料理を作ってくれたんだ」はなんと言う？

DANGER Dad made a dish for us.

こう伝わる! パパがみんなにお皿を作ってくれたよ。

OK! **Dad made dinner for us.**
パパがみんなのためにディナーを作ってくれたんだ。
＊一例です。説明文を参照。

なぜNG? dish には「料理」という意味もあると覚えた人、多いはずです。けれど dish を「料理」という意味で使うには、条件が。料理に関するなんらかの言葉と一緒に使う必要があるのです。たとえば、
Chinese dish　中華料理
delicious dish　おいしい料理
homemade dish　手作りの料理
dishes on the menu　メニューに載ってる料理
などです。
そしてこれらの語を伴わず、単に a dish と言ってしまうと、「お皿」という意味になってしまうのです！

110

a dish を some food に変えて、

Dad made some food for us.（パパがみんなに料理を作ってくれたんだ）

と言えば意味としては通じますが、会話としてはちょっと不自然な感じ。会話では、こんな感じで具体的に言うのが、より自然です。

Dad made breakfast/lunch/dinner for us.
パパが朝食／ランチ／ディナーを作ってくれたんだ。

Dad made spaghetti for us.
パパがスパゲッティを作ってくれたんだ。

Dad made pizza for us.
パパがピザを作ってくれたんだ。

ネイティブ流 dishの使い方

It's your turn to wash the dishes tonight.
今夜の皿洗い、あなたの番だからね。

There are a lot of tasty dishes on the menu.
メニューにはおいしそうな料理がたくさん載ってる。

This dish is delicious. What's it called?
この料理、おいしい！なんて言うの？

Bibimbap is a famous Korean dish.
ビビンバは有名な韓国料理だ。

My favorite Japanese dish is tempura.
ぼくの好きな日本料理はてんぷらだ。

Part 3 | その英語、ネイティブはハラハラします

> I bought a dish at a souvenir shop in France.
> フランスのみやげ屋で皿を買った。

Q15 東大に受かったよ

大学に合格したと伝えたくて
「東大に受かったよ」はなんと言う？

☝ DANGER I passed the University of Tokyo.

🗣 こう伝わる！ 東大のそばを通ったよ。

👌 OK! **I got accepted to the University of Tokyo.**
東大に合格したよ！

✗ なぜ NG? 「合格する」というと pass を思い浮かべる人が多いでしょう。けれど、pass the university と言うと「大学の横を通った」という意味に。
pass を使って「入試の合格」を表すには、

> I passed the entrance exam for the University of Tokyo.
> 東京大学の入学試験にパスしたよ。

という形にする必要があります。
また、accept を受け身にして「受け入れられる」という

112

表現を用いると、よりナチュラルな表現に。

I was accepted to the University of Tokyo.

あるいは、I got accepted by the University of Tokyo.

のように言いましょう。

＊状況にもよりますが、ネイティブはよく受け身を「**get ＋過去分詞**」の形で表します。**get** を使った受け身は、be動詞を使ったものより、口語的で、イキイキした感じが出せます。

ネイティブ流 「合格する」

It took me three tries to pass the test.
その試験には、3回目でやっと合格した。
I got a passing score on the test.
その試験になんとか合格した。

＊辞書によっては「passing score ＝合格点」と載っていますが、ネイティブはよく「合格ギリギリの点数」というニュアンスで使います。

This part meets the standards.
この部品は合格だ。

＊「基準を満たしている」つまり「合格」ということ。

113

He didn't pass the fifth grade.
彼は6年生に進学できなかった。

＊試験がなくても、成績が悪くて進学できないような場合、pass を用いることができます。「5年生をパスできなかった」すなわち「6年生に進学できなかった」ということです。

She passed the polygraph test without a problem.
彼女はうそ発見テストをすんなりパスした。

Part 4

その"冠詞"、
ネイティブは
イラッときます

日本人にとって、「冠詞」は本当にわかりづらいもの。これまでなんとか適当にやり過ごしてきたあなた！このあたりで一度、ネイティブがいったいどんな「感覚」で冠詞を使い分けているのか、徹底的に分析してみませんか？

Part 4 | その"冠詞"、ネイティブはイラッときます

Q01 本を買った

Q 「ショッピングモールでなにか買った？」と聞かれ、「本を買ったよ」は、a、それともthe？
I bought ___ book.

A まずは基本中の基本から。これは「ひとつの」と「その」という「訳」でOKなケース。aを使った、
I bought a book.
が正解です。

"a"だと「興味がない」ニュアンスに！

ちょっと注意が必要なのは、
I bought a book.と言うと、単に「たくさんの中のひとつ」というニュアンスになるため、「今の話題としては特に本の内容は関係ない」という感じで伝わるので、相手もそれ以上のことにはあまり突っ込んでこない、という展開になる可能性が高いということ。
本のことを話題にしたい場合は、なんらかの形容詞を前に置いて、どんな本かという説明を付ければOK。
たとえば、

I bought an interesting book.
おもしろい本、買ったんだ。

というふうに言えば、相手は「どんな本？」と聞いてくるでしょう。

Q02 〜についての本だった

Q では、さらにそれに続き、
「それ、熱帯雨林についての本だったんだ」は、A、それとも The ？
___ book was about rain forests.

A ここはもちろん **The** を使った
The book was about rain forests.
が正解。

一度述べたことについて触れるときは、the を使うというのは冠詞の基本。学校でも、
a/an は「ひとつの、ある」、**the** は「その」と習いました。
もちろんその考え方は「間違い」ではありませんが、ここから日本人の冠詞の使い方の間違いがはじまったとも言えるのです。

冠詞については、基本的に次のように考えると、「ネイティブの冠詞に対する気持ち」のようなものがわかって

117

Part 4 | その"冠詞"、ネイティブはイラッときます

きます。

a/an は「いくつかあるものの中のひとつ」
the は「この世にひとつしかないもの」

つまり、一度言及したものに the を使うのは、たとえば誰かが「その本」と言った本は、「その本」以外にはない、つまり「世界にひとつしかない本」だからなのです。
冠詞は、ネイティブでさえ間違えることもある厄介な問題。
ここでは、ネイティブが日常会話で、どんな気持ちで冠詞を使っているのか、また間違った言い方をすると、どんな「イメージ」になるのか、さまざまな代表例について、基本的なケースを見ていきましょう。

Q03 彼、うちの学校の先生なんだ

 友達といるところに偶然自分の学校の先生が通りかかった。
「彼、うちの学校の先生なんだ」は、a、それとも the ?
He's ___ teacher at our school.

A この場合、
a を使って

OK! > He's a teacher at our school.

と言うと、「彼はうちの学校の、何人かいる中のひとりの先生」という意味になります。つまり一般的に考えると、こちらが正解ということ。これを、

DANGER > He's the teacher at our school.

とすると、「彼はうちの学校のただひとりの先生」というニュアンスになります。もちろん、「ただひとりの先生だ」と明白に述べたいときは、
He's the one and only teacher at our school.
のように言いますが、the を使うとそれだけで「ただひとりの」という意味になるのです。
a と the の基本的な違い、少しわかってきましたか?

Q04 あそこにある車は私の

Q 少し離れた所に車が一台あり、それを自分の車だと説明したい。
「あそこにある車は私のよ」は、A、それともThe ?

119

Part 4 | その"冠詞"、ネイティブはイラッときます

___ car over there is mine.

A 次はなにか特定のものを指して、相手に伝える場合の言い方です。この場合、「あそこある車」が1台で、明確にそれが相手にわかる場合は、たとえ会話の中で「はじめて言及する事柄」であったとしても、A ではなく The を使います。

👌OK! **The car over there is mine.**
あそこにある車は私の車よ。

これをAにして、

💣DANGER **A car over there is mine.**
あそこにあるたくさんの車のうち、一台は私の車。

と言うと、「たくさんの中のひとつ」という意味になります。

「たくさんの中のひとつ」と言いたいときは？

実際に「あそこにあるたくさんの車の中のひとつは私の」と言いたい時は、
A car over there is mine.
でいいのかと言うと、これはちょっと不自然。
なぜなら a は「どれでもいいけど、たくさんの中のひとつは」というニュアンスなので、「私の車」がメイントピ

120

ックでなくなるからです。「たくさんある中のひとつ」
と言いたいときは、

> **OK!** **One of the cars over there is mine.**
> あそこにある車のうちの一台が私の車よ。

> **OK!** **My car's over there.**
> 私の車は、あそこにあるの。

のように言うとナチュラルな表現になります。

Q05 うちは犬を飼ってるよ

Q みんなでペットの話をしているとき、
「うちは犬を飼ってるよ」は、a、the、それとも
無冠詞？
My family has ___ dog.

A 次は、無冠詞の場合も含めて考えてみましょう。
ふつうに「うちは犬を飼ってるよ」と言いたいと
きは、

> **OK!** **My family has a dog.**

と言います。

121

Part 4 | その"冠詞"、ネイティブはイラっときます

ただし、この言い方ではちょっと冷たいニュアンスに聞こえることも。「犬」というものは世の中にたくさんいるものなので、その中の「どうでもいい1匹」、という印象を与えてしまうからです。

犬に愛情を持っていて、そこから会話を広げたいなら、

> My family has a cute little dog.
> うちはかわいい小型犬を飼ってるよ。

というふうに、なんらかの愛情を示す形容詞をつければOK。形容詞をつけた場合も a を使う点に注意。cute little dog は他にもたくさんいるからです。

また、相手がその犬のことを知っている場合に the を使って

💣DANGER My family has the dog.

と言うと、「うちの家族、今、うちの犬を連れているよ」という意味になってしまいます。

では、無冠詞にするとどうなるでしょう?

💣DANGER My family has dog.

とすると、「うちの家族は犬肉を持っている」のような意味になってしまいます。

一般的に食肉とされるものは、beef(牛肉)、pork(豚肉)など、食用としての名前があるものもありますが、そうでないもの、たとえば chicken(鶏)、pigeon(鳩) などに関しては、「肉」を表す場合、無冠詞にして表すからです。

122

「犬のなに？」と思われることも！

My family has dog. のように無冠詞にすることで、dog が「形容詞」的に使われ、後になにか名詞が続く、つまりまだ話が途中であるかのような印象を与えることもあります。要するに、

「うちの家族は犬の…」という感じになり、相手は「ん、犬のなに？」と話の続きを待つかもしれないということ。たとえば、

My family has dog food.
うちの家族はドッグフードを持っている。

というふうに、後に「数えられない名詞」が続く場合には無冠詞になるからです。

ちなみに動物のえさに関しては、ペットである犬や猫の場合、**dog food**、**cat food** のように言いますが、家畜の場合、cow food、chicken food ではなく、**cow feed**、**chicken feed** のように **feed** を使います。

Q06 新聞、どこ？

Q 朝起きて、新聞が見当たらない。
「新聞、どこ？」は、a、the、それとも無冠詞？
Where's ___ paper?

123

Part 4 | その"冠詞"、ネイティブはイラッときます

A 「新聞」は newspaper ですが、口語ではよく単に **paper** と言います。そして「いつも読んでいる、○○新聞」と伝えたいときは、その新聞に限定されているわけなので、**the** を使います。

👋 OK! **Where's the paper?**
　　（いつもの）新聞、どこ？

これを、

💣 DANGER **Where's a paper?**

とすると、「なんでもいいから、新聞どこ？」というニュアンスになります。
これを無冠詞にして、

💣 DANGER **Where's paper?**

と言うと、paper が「名前」であるかのように聞こえるため、大げさに言うと、「紙さん、どこですか？」という意味になってしまいます。
ちなみに、paper について「1枚」と言いたいときは、a piece of paper と表す、と覚えている人も多いでしょう。確かにその通りなので、

💣 DANGER **Where's a piece of paper.**

と言うと「新聞」ではなく、「紙」という意味になり、「（1枚の）紙、どこにある？」という意味になります。

124

I ate three cakes. と言ったらネイティブは驚く!

アメリカ人にとって、one cake というのは「一人分」の
ケーキではなくa whole cake(大きな丸いケーキ1個)
のこと。しかも12人分の丸いケーキを頭に浮かべる人
が多いでしょう。

最近日本では、丸いケーキでも、直径が12センチくら
いの二人分のものも出回ってきていますが、アメリカ
人の考える one cake はかなり大きなサイズ。

なので、

I ate three cakes. と言ったら、

「いったいどんな胃をしているの?」と驚かれるでしょう。

Oh, wow! How do you keep so thin?
ええーっ!なんでそんなにスリムでいられるの?

なんて返事が返ってくるかも。

「一人分のケーキ」は、学校でも習ったとおり、a piece
of cake と言います。

けれど「ケーキ」の場合、ネイティブはよく会話で、冠
詞をつけずに、

I ate chocolate cake.

と言うこともあります。これで「チョコレートケーキを
一人分食べた」というニュアンスになるのです。

この場合、ケーキが「数えられない名詞」扱いになって
いるのですが、丸いケーキを適当に切り分けて食べてい

Part 4 | その"冠詞"、ネイティブはイラッときます

るイメージになり、「何個」という量については深く考えていないからです。

ところが

I ate a chocolate cake.

というふうに a を付けたとたん、「12人分の丸いケーキ」が頭に浮かぶのです。

Let's get a cake for dessert. と言うと、

> How are we going to cut it?
> どんなふうに切り分ける？

という返事が返ってくるかもしれません。

ではケーキ関連の会話をいくつかご紹介しておきましょう。

> I made a cake. Would you like a piece?
> ケーキを作ったの。ひとつ食べる？
> For dessert, I ordered cheesecake.
> デザートには、チーズケーキを頼んだわ。
> I think I'll have chocolate cake. What about you?
> チョコレートケーキを食べようと思うんだけど、君は？
> I can eat a pie by myself.
> 私、パイをひとりでまるごとひとつ食べられるわよ。
> Would you like a piece of pie?
> パイを一切れいかが？

Q07 北日本に住んでます

Q 海外で知り合った人に「日本のどこに住んでるの？」と聞かれ、
「北日本に住んでるんですよ」は、a、the、それとも無冠詞？
I live in ___ northern Japan.

A 無冠詞にするのが一般的。

OK! **I live in northern Japan.**
私は北日本に住んでいます。

という言い方が自然です。

DANGER **I live in a northern Japan.**

とすると、「私はたくさんある北日本の中のひとつに住んでいます」という意味に。また、the を使って、

DANGER **I live in the northern Japan.**

とすると、日本がふたつに分断されていて、ひとつは北、

127

Part 4 | その"冠詞"、ネイティブはイラッときます

もうひとつは南という状況にあることになってしまいます。

I live in the northern Japan not in the southern Japan.

「私は、南の方ではなく、北の方の日本に住んでいます」という意味になるからです。

ちなみに、「私は日本の北部に住んでいます」という場合なら、

I live in the northern part of Japan.

と言うことができます。これも日本の他の part ではなく、「北の方の part」というふうに限定しているからです。

区別、限定、比較するときは the を

I live in the northern part of Japan. の例のように、なにか同類のものと「区別、限定、比較」する場合は the を付けます。

「あっちの方の○○」ではなく「こっちの方の○○」と限定し、「たくさんあるもののうちのひとつ」ではないということを示すことになるからです。

128

Q 08 アメリカに行ったよ

Q 「卒業旅行はどこへ行ったの？」と聞かれ、
「アメリカに行ったよ」は、a、the、それとも無冠詞？
I went to ___ United States.

A 同じ国名でも、the United States のように、州が集まってできた国名などの場合は the を付けるので、

> OK! **I went to the United States.**

が正解。United States は「複数形」なので、もちろん、a や an などは使いません。

the United States の場合、この言葉ができたいきさつとして、「連合していない州」と比較して、「連合している方の州」というふうに特定の州を指して the United States と呼んだことが名前の由来だったため、**the** を付けることになったのです。

もちろん現在、そのようなことを意識して the を付けている人はいないでしょうが。

129

Part 4 | その"冠詞"、ネイティブはイラッときます

国の呼び方

①アメリカの呼び方

正式名称は、the United States of America ですが、口語では America、the States、the USA あるいは the US と言ったりします。それぞれ、一般的にはどんなときに使うのか、軽く触れておきましょう。

America

ふつうの会話では、単に America と言うことも多いので、上記の会話例も、

I went to America.

でOKです。

America は厳密に言うと all the countries in North America and South America のことで、その場合カナダや南アメリカ諸国全体を含むことになりますが、一般には米国のことを指します。

the United States of America

これは契約やスピーチなど、フォーマルな場合に使います。

会話で、

I live in the United States of America.

と言うと、ちょっと不自然。

「アメリカに住んでるんだぞ、すごいだろう」という感

130

じで、威張っているように聞こえるかも。

the United States
これはちょっとだけフォーマルな感じ。政治や経済の話をする場合によく使います。
I live in the United States.
と言うと、威張っているようには聞こえませんが、少なくとも米国に住んでいることに誇りを持っているという印象を与えます。

the USA
略語ですが、日常会話ではあまり耳にしないでしょう。愛国の気持ちを込めたスピーチなどで使われることが多く、またデモなどで、愛国者達が
"USA! USA!"
と叫ぶこともあります。

the US
the US も略語ですが、the USA よりカジュアルで、会話でもよく使います。中立的な言い方で、思い入れがあるかどうかは関係ありません。
I live in the US.
と言う場合、

I live in the US. I hate it here.
アメリカに住んでる。ここは嫌い。

131

Part 4 | その"冠詞"、ネイティブはイラッときます

I live in the US. I love it here.
アメリカに住んでる。ここが大好き。

どちらも言えます。

＊アメリカ人はよく I like it here.(ここが好き)のような言い方をします。この it は、「自分がアメリカに住んでいるということ」を指し、そこには住んでみて体感すること(雰囲気、人々など)が含まれます。

②オランダ(the Netherlands)の場合は？

同じように、国名に the を付けるものに、the Netherlands(オランダ)があります。正式名称は Kingdom of the Netherlands ですが、通称は the Netherlands です。

the Netherlands はもともと「低い方の国」という一般名詞で、「高い方の国」と区別するため、the を付けます。

また、俗称とされる Holland を使うこともあります。アメリカでは the Netherlands、Holland どちらも使います。

09 富士山の近くのホテルに泊まった

Q 旅行の話をしていて。
「富士山の近くのホテルに泊まったんだ」は、a、

the、それとも無冠詞？
We stayed at a hotel near ＿＿＿ Mt. Fuji.

A

「山」などの固有名詞の場合は、どうなるのでしょう？

「山」の場合、ふつうは無冠詞で表します。

OK! **We stayed at a hotel near Mt. Fuji.**

と言うのが自然。もし a を付けて、

DANGER **We stayed at a hotel near a Mt. Fuji.**

とすると、「たくさんある富士山のうちのひとつの近くのホテルに泊まった」という意味になってしまいます。theを付けて、

DANGER **We stayed at a hotel near the Mt. Fuji.**

とすると、「Fujiという海」が近くにあり、それと区別するために、「海の方の富士ではなく、山の方の富士の近くのホテルに泊まった」という意味になります。実際にそういう状況ならば、あり得る英語。

基本的に、国名、州名、山や湖の名前の場合、無冠詞にします。これは、他のものと区別する必要も、複数単数などを考慮する必要もないからです。

Part 4 | その"冠詞"、ネイティブはイラッときます

「山脈」はどうなる?

同じ山でも、「山脈」の場合、**the** を付けます。

この理由は諸説ありますが、「区別・比較」という面から考えると、こういう説明ができます。

たとえば「ヒマラヤ山脈」は正式には、

the Himalayan Range と言い、これは厳密に訳すと「(他の山脈ではなく) Himalayan の方の山脈」ということに。これをカジュアルな言い方にすると、**the Himalayas** となりますが、the Himalayan Range の the が残ったものと考えられます。

Q 10 太平洋を見たことないなぁ

Q 海の話をしていて。

「私、太平洋を見たことないなぁ」は、a、the、それとも無冠詞?

I've never seen ___ Pacific Ocean.

A 「山」や「湖」の場合、ふつうは無冠詞だと説明しましたが、では「海」の場合は?

「海」の場合は **the** を付けて、

OK! **I've never seen the Pacific Ocean.**

と言うのが正解です。

なぜ「海」の場合は the を付けるかについては、「海や川の場合、境界がはっきりしないので the を付ける」あるいは「広大だから the を付ける」など、諸説あります。が、これも「区別・比較」の観点からみると、**the Atlantic**（大西洋）や **the Indian**（インド洋）の方ではなく、Pacific の方の Ocean だという「区別」をするためだと考えられます。

ちなみに、

DANGER **I've never seen a Pacific Ocean.**

とすると、「私はたくさんある太平洋の中の、ひとつも見たことがない」という意味になります。また、

DANGER **I've never seen Pacific Ocean.**

とすると「名前」のように聞こえ、「私は太平洋君に会ったことがないんだ」という感じになってしまいます。

「昨日、海に行ったんだ」はどう言う？

「昨日、海に行ったんだ」と言いたいとき、

DANGER **I went to sea yesterday.**

135

Part 4 | その"冠詞"、ネイティブはイラッときます

と言うと、「昨日、航海に出たんだ」という意味に！
go to sea は「**航海に出る、海に働きに行く**」という意味
のイディオムだからです。船乗りや漁業の人など、船に
乗って仕事をする人が使う言葉になり、こんな感じで使
います。

I went to sea when I was 20.
20歳の時に海で働き始めたんだ。

sea に **the** をつけて、
I went to the sea yesterday.
と言うと、「海に行ったよ」という意味になりますが、
これは「ビーチに遊びに行った」というよりも「**海を見に
行った**」というニュアンス。
「ビーチに遊びに行った」場合は、
I went to the beach yesterday.
と言います。
では、**sea** と **ocean** の使い分けは？ より広い海の場合
（太平洋や大西洋など）は、seaではなく、**ocean** を使
って、

We went to the ocean and watched the ships.
海に行って船を見たよ。

と言います。

海関連の会話には、次のようなバリエーションがありま
す。

The weather's perfect today. Let's go to the beach.

今日は最高の天気！ビーチに行こうよ。

Do you want to go ocean fishing?

海釣りに行かない？

I've never been to the ocean in my life.

生まれてこの方、一度も海に行ったことがない。

We used to go to the ocean all the time.

昔はいつも海に行ってたよね。

Most of the young men in the village will go to sea.

その村の若者のほとんどは漁師になる。

My grandmother wanted to see the sea before she died.

祖母は、死ぬ前に海を見たがっていた。

＊ see、sea、she の発音に気をつけて音読してみましょう。

Q11 ニューヨークに住んでみたい

Q 世界のどの都市に住んでみたいか、という話題で。「僕はニューヨークに住んでみたいなぁ」は、a、the、それとも無冠詞？

Part 4 | その"冠詞"、ネイティブはイラッときます

I want to live in ＿＿ New York.

A 都市の名前は、ふつう無冠詞で表します。国名などが無冠詞であるのと同じです。

👌 OK! **I want to live in New York.**

が正解。

⚫ DANGER **I want to live in a New York.**

は、「たくさんのニューヨークの中のひとつに住みたい」あるいは「たくさんの中の新しい方のYork(ヨーク)に住みたい」というふうに聞こえます。

ただし、「ニューヨークの郊外に住みたい」と言いたいときは、

👌 TPO OK! **I want to live in a New York suburb.**

と言います。「ニューヨークの郊外」というものは、「世界にひとつ」ではなく、何カ所もあるので、「その中のひとつ」を表すことになるからです。

また、「ニューヨーク地区に住みたい」と言いたいときは、

👌 TPO OK! **I want to live in the New York area.**

と言います。この場合、たとえば Chicago の area の方ではなく、New York の方の area という区別をしているため、**the** を付けます。

138

Q12 朝ごはんを8時に食べた

Q
「なにか食べてきた？」と聞かれ、
「朝ごはんを8時に食べたよ」は、a、the、それとも無冠詞？
I had ___ breakfast at 8:00.

A
食事を表す名詞（breakfast、lunch、dinner など）は、基本的には無冠詞にします。なので、

OK! ▶ **I had breakfast at 8:00.**

が正解です。

食事を表す言葉の場合、慣用的に冠詞を付けないのが一般的ですが、なにか特別な食事の場合、a special breakfast、lunch、dinner というニュアンスを持たせるために、a を付けることがあります。たとえば、

> We had a dinner for the new company president.
> 新社長のためにディナーの場をもうけた。

これはつまり、

> We had a party for the new company president.
> 新社長のためにパーティーを開いた。

と言うのと同じで、「特別なディナー」を表すため、a を付けるのです。

139

Part 4 | その"冠詞"、ネイティブはイラッときます

朝食の場合も、「どんな朝食を食べたか」を具体的に表す場合は、a や an を付けます。

> 👌 **TPO OK!** **We had a light breakfast at 8:00 this morning.**
> 今朝は8時に軽い朝食を食べた。

ただしこの場合、会話の展開としては「朝食の内容」については触れないことになります。朝食について話を展開させたい場合は the を使って「朝食」をメイントピックにし、

> **The breakfast we had at 8:00 this morning was light.**
> 私達が今朝8時に食べた朝食は、軽いものだった。

のように言います。

後に限定する言葉を続けると the に！

上記の文のように、後に限定する言葉を続ける場合は、どんな名詞でも基本的に the を付けます。たとえばこんな感じ。

140

OK! > **We had the breakfast my dad made this morning.**
今朝はパパが作った朝ごはんを食べたよ。

この場合、会話はその breakfast の方に展開されるでしょう。たとえば、

How long did it take him to make it?
お父さん、朝食作るのにどれくらい時間がかかった？

のような感じです。

Q13 タクシーで職場に行く

Q 「ぼく、ときどきタクシーで職場に行くんだ」は、a、the、それとも無冠詞？

I sometimes go to work by ___ taxi.

A 交通手段を表すときは、ふつう無冠詞にします。これは、ある特定のタクシーやバス、電車というわけではなく、「手段」を表しているからです。なので、

OK! > **I sometimes go to work by taxi.**

が正解。ただし、逆に特定のタクシーなどを指したいと

Part 4 | その"冠詞"、ネイティブはイラッときます

きには、冠詞が必要になります。たとえば「会社が手配
してくれたタクシーで職場へ行った」と言いたいときは、

OK! ▶ **He went to work in a taxi sent by his company.**

この場合、「手段」ではなく乗り物を表すので、a が付き、
その前の前置詞も in になります。
また、「彼の会社が手配するタクシー」は、他にもある
と考えられるからです。ですから、「彼は彼女が呼んで
くれたタクシーで会社へ行った」と限定する言葉をつけ
ると、

OK! ▶ **He went to work in the taxi she called.**

のように the になります。

Q 14 おじが医者です

Q 「親戚にお医者さんいる？」と聞かれ、
「おじが医者です」は、a、the、それとも無冠詞？
My uncle is ___ doctor.

A では職業を表すときは？
職業はふつう「その職についている人の中のひと

り」ということになるので、a や an を付け、

✋ OK! **My uncle is a doctor.**

とするのが正解です。ただし、「**おじは私が信頼している医者です**」のように、限定する言葉を付けると、
My uncle is the doctor I trust.
のように、the を付けることになります。
ちなみに「**彼はビル・スミス医師です**」のように言いたいときは、
He is Doctor Bill Smith.
のように、無冠詞になります。この Doctor はふつう Dr. と書き、Mister(Mr.) などと同じ、人の名前の前に付ける敬称だからです。
またもちろん、

| Bill Smith is my doctor.
| ビル・スミスは私の主治医です。

のような言い方もできます。

Q 15 緑茶はポピュラーな飲み物

Q 緑茶を飲んだことがないネイティブに。
「緑茶は日本ではポピュラーな飲み物なんだよ」
は、A、The、それとも無冠詞？

143

___ green tea is a popular drink in Japan.

A 数えられない名詞を、一般的な意味で使う場合は、無冠詞にします。つまりこの場合、

OK! ▶ **Green tea is a popular drink in Japan.**

が正解です。coffee、tea、milk なども同じ扱いです。
ただし、なにか限定する言葉をつける場合は、the を付けます。
「あなたが注文したコーヒー、人気があるのよ」と言いたいときは、
The coffee you ordered is popular.
となります。

Part 5

そのカタカナ英語、
ネイティブは
泣きそうです

「カタカナ英語についてはだいたい知ってる」
というあなた、けれど「そのカタカナ英語では
どう聞こえるか」、知ってますか?
「正しくはどう言うか」、自信ありますか?
「わかってるつもりのカタカナ英語のワナ」に
ついて、楽しくチェック!

Part 5 | そのカタカナ英語、ネイティブは泣きそうです

Q01 テンション高いね

「彼女はテンション高いね」は、なんと言う？

DANGER She's very high tension.

こう伝わる! 彼女はストレスでピリピリしてる。

OK! **She has a lot of energy.**
彼女は元気いっぱいだね。

なぜNG? 日本語では「元気いっぱい、気合充分、やる気満々」というような意味を、「ハイテンション」という言葉で表します。朝から元気いっぱいの人に向かって、「朝からハイテンションだね～」と言ったりしますね。
けれど英語の high tension は「高圧の」という意味。a high-tension wire は「高圧線」のことです。そして人に使うと「**ストレス度合いが高い、ピリピリしている**」というニュアンスになります。
もともと tension は「緊張」という意味。

I couldn't stand the high tension in the meeting.
ミーティングでの張り詰めた空気に我慢できなかった。

というふうに「高い緊張感」という意味で使うこともできます。
日本語の「ハイテンション」を英語で表現する場合、状

146

況によっても異なりますが、一般的には、

| She has a lot of energy.
| 彼女はエネルギーに満ちている。

のような表現を使うとうまく気持ちが伝わります。

Q 02 うらやましいな、スマートで

スリムな友人にひと言。
「うらやましいな、あなたってスマートで」はなんと言う？

DANGER I envy you. You're so smart.

こう伝わる! うらやましいよ、あなたのそのずるがしこさが。

OK! I envy you. You're so slender.

なぜNG? 「ほっそりしている」は英語では slim や slender を使います。smart は本来「頭がいい」とか「おしゃれな」という意味です。

そういう意味で使うこともありますが、ネイティブは「小生意気な、こざかしい」というニュアンスを含んで使うことも多いので、くれぐれも注意。

ちなみに smart building というのは「細いビル」ではな

Part 5 | そのカタカナ英語、ネイティブは泣きそうです

く、コンピュータで制御された高付加価値オフィスビルのことで、intelligent building とも言います。少し前から話題を呼んでいる smart phone(スマートフォン)は「利口な電話」つまり「コンピュータ内蔵電話」のことです。

> A: I envy you. You're so slender.
>   うらやましいなぁ。あなた、ほっそりしてて。
> B: Actually, I wish I could gain more weight.
>   実はね、もうちょっと太りたいの。

03 彼ってナイーブだから

なかなか場に打ち解けようとしない友人のことをかばって、
「彼ってナイーブだから」は、どう言う？

💣**DANGER** He's naive.

🗣**こう伝わる!** 彼は世間知らずなんだよ。

👌**OK!** **He's sensitive.**
彼、繊細だから。

148

× なぜ NG? 日本語の「ナイーブ」は、たいていの場合「傷つきやすい」とか「繊細な」という、ややポジティブな意味で使われます。けれど英語の naive のニュアンスはこのイメージとはちょっと違います。

naive は「未熟な、世間知らずな、単純な、だまされやすい」などのようにどちらかというと「愚かな」というイメージを持つ言葉なのです。「繊細な」と言いたいときは sensitive を使う方といいでしょう。

A: All I did was ask him about his mother and he started crying.
彼のお母さんについてちょっと聞いただけなのに、彼、泣き出しちゃったの。

B: He's sensitive. She died last year.
彼は今感じやすくなってるんだ。お母さんが去年亡くなって。

「シンプル」は、ほめ言葉?

日本語の「シンプル」は、ポジティブな意味合いで使われることが多いようです。「シンプルなデザイン」というと「シンプルですっきりしている」というイメージが浮かぶでしょう。

英語の simple も、同じように、

They live a simple life.
彼らはシンプルな生活を送っている。

Part 5 | そのカタカナ英語、ネイティブは泣きそうです

と聞くと、いい印象を受けます。

けれどちょっと注意が必要。

You're so simple. と言うと、「君って単細胞だねぇ、まったく単純だねぇ」という感じで、相手を侮辱する言葉になるのです。

simple は状況や使い方によって、プラスイメージになったり、マイナスイメージになったりするので注意。

「simple＋名詞」の形で使うと、「控えめな、気取らない態度の」というほめ言葉になることが多く、

You're a simple man. なら「あなたって気取らない人ね」という意味に。また、She's a simple woman. は「彼女は控えめな女性だ」という意味になります。混同しないよう注意。

ネイティブ流 simpleの使い方

I hate to say this, but I think he's simple.
こんなこと言いたくないけど、彼って頭悪いよね。
He's not a simple man.
彼は一筋縄ではいかない。
I'm a simple person. I don't need a big house.
私は素朴な人間。豪邸なんか欲しくない。

🔔 🔔 🔔 🔔 🕯️ 🔔

Q04 彼女はOL

「彼女はなんの仕事しているの？」と聞かれ、
「彼女はOLよ」はなんと言う？

💣 **DANGER** ▶ She's an office lady.

🗣️🧑 **こう伝わる!** ▶ 彼女はオフィス派の女性だ。

🧑⁾⁾ **イマイチ** **She's an office worker.**
彼女はオフィスワーカーだ。
＊間違いではありませんが、イマイチな言い方
です。

✋ **OK!** ▶ **She works for a publishing company.**
彼女は出版社に勤めてるの。
＊一例です。説明を参照。

❌ **なぜ**
NG? 言うまでもなく「OL」は和製英語ですが、その語
源となった an office lady も和製英語。これで
はoutdoor（アウトドア派）、indoor（インドア派）のよ
うな感じで「オフィス派の女性」というニュアンスに。
「そんなこと知ってる」と思う人も多いかもしれません。
そして正しくは、
She is an office worker.

151

Part 5 | そのカタカナ英語、ネイティブは泣きそうです

だと思っている人も多いのでは？　もちろんこの言い方は「正しいことは正しい」のですが、ネイティブにとっては、やはりちょっと不自然。

英語では、具体的にどんな仕事をしているかを示すのがよりナチュラルだからです。単に an office worker というのではなく、できれば次のように具体的に言いましょう。

She works for a publishing company.
彼女は出版社で働いている。

She's an engineer.
彼女はエンジニアだ。

She's a newspaper reporter.
彼女は新聞記者だ。

Q 05　スタイルいいよね

スタイル抜群の女性をほめて、
「彼女、スタイルいいよね」は、どう言う？

DANGER I like her style.

こう伝わる! 私、彼女のやり方が好き。

152

OK! > **She has a nice figure.**

×　なぜ NG? 英語で style というと、体つきの話ではなく、生き方や行動様式の話になります。

She does everything with style.
彼女は何事も自己流のスタイルでやる。

という感じで使います。do with style は決まり文句的フレーズ。

体のラインを表す言葉は figure。こんな感じで使います。

I wish I had a figure like hers.
彼女みたいなスタイルになれたらなぁ。

Q06　リフォームするつもり

「キッチンをリフォームするつもりなの」はなんと言う？

DANGER > We're going to reform our kitchen.

こう伝わる！ 厨房係の人間関係を改善しよう。

OK! > **We're going to remodel our kitchen.**
キッチンをリフォームするつもり。

153

Part 5 | そのカタカナ英語、ネイティブは泣きそうです

> **×なぜNG?** 英語の **reform** は「制度などを改革する」という意味なので、We're going to reform our kitchen. と言うと、

「キッチンで料理する人たちの仕事のやり方自体を改善する」、「料理のやり方を変える」あるいは「料理人の人となりを改善する」「今までの人間関係を改善する」というような意味になってしまいます。**reform** はこんな場合に使います。

> **The government is going to reform the tax system.**
> 政府は税制改革をするつもりだ。

新しいシステムキッチンを設置したり床や壁紙を張り替えたり、というような「リフォーム」にはふつう、remodel を使います。

また建物全体を修理改修する場合には、「良好な状態に戻す、修繕する、修復する」という意味の renovate を用いることが多く、こんな感じで使います。

> **We're planning to renovate our home next year.**
> 来年、我が家をリフォームする予定なんだ。

renewは使える?

「リフォーム」と言うと、**renew**（renewal の動詞）という言葉を思いつく人もいるかもしれません。renew に

も「修復する」という意味がありますが、ネイティブは
ふつう「**更新する**」という意味で使います。
renew my house（家の修復をする）という表現は使い
ません。
renew my house contract（賃貸契約を更新する）とか、
renew my passport（パスポートを更新する）
という使い方をします。

ⓠ07 彼女はハイティーンだ

知り合いの娘の話をしていて。
「彼女はハイティーンだよ」はなんと言う？

💣**DANGER** She's a high teen.

🗣👤こう伝わる！ **彼女は10代の麻薬中毒者なんだよ。**

✋**OK!** **She's in her late teens.**
彼女は10代後半だよ

❌なぜ NG? high には「酒や麻薬で**ハイになる**」という意味が
あるので、a high teenと言うと、「10代の麻薬
中毒者」という印象を与えることも。日本語の「ハイテ
ィーン」は「10代後半」を指すので、英語では **late（後期**

155

Part 5 | そのカタカナ英語、ネイティブは泣きそうです

の) を使って表します。
She's in her late teens. と言えばOK。

◆「麻薬中毒」の例
　A: That's John. He's a high teen.
　　あのジョンのことなんだけど。彼、10代で麻薬中毒なんだって。
　B: That's too bad. A lot of young people have problems with drugs.
　　そりゃあ、大変だ。ドラッグ問題を抱えた若者は多いなぁ。

◆「ハイティーン」の例
　A: That's John. He's in his late teens.
　　あのジョンなんだけどさ。彼、10代後半なんだって。
　B: He looks like he's in his 40s.
　　40代に見えるよね〜。

Q 08 マニアックな人

パソコンの話をしていて、
「彼ってマニアックだよね」はなんと言う？

🔔 🔔 🔔 🔔 🚨 🔔

DANGER He's a maniac.

こう伝わる! 彼、狂ってる！

OK! **He's a geek.**
彼、オタクだよね。

なぜNG? 日本語では自分の好きなことにとことん没頭するタイプの人のことを、「マニア」とか「マニアック」と言うことがあります。

けれど英語で maniac と言うと、まずネイティブの頭に浮かぶのは「精神障害者」のこと。

Some maniac shot 14 people in a shopping mall.
ある精神障害者がショッピングモールで14人を撃った。

というふうに使うのです。

また、mania は、「…狂」というニュアンスで使います。

I was really into the Michael Jackson mania.
私、マイケル・ジャクソンの熱狂的ファンだったの。

好きなことにとことん没頭する「オタク」を指す場合は、geek を使うと誤解なく伝わります。

こんな感じで使います。

My husband is a camera geek.
夫はカメラ・オタクなの。

ここで maniac を使って、

157

Part 5 | そのカタカナ英語、ネイティブは泣きそうです

My husband is a camera maniac.

と言うこともできますが、これでは「異常なくらいカメラに熱中している」というニュアンスに。

geek は、ちょっとかわいい感じで悪意なく「オタクだよね」と言いたいときに使えます。

Q 09 ノルマを達成できなかった

営業成績の話。

「今月はノルマを達成できなかった」は、どう言う？

● DANGER ▶ I couldn't meet my Norma this month.

こう伝わる! ▶ 今月は愛するノルマと会えなかったんだ。

OK! ▶ I couldn't meet my quota this month.

×なぜNG? 「ノルマ」はロシア語。英語ではありません。Norma と言うと、女性の名前かな、と誤解されるでしょう。

英語では「ノルマ」のことを quota と言います。

The bad economy makes it tough to meet our quota.

不景気で、ノルマを達成するのが難しい。

というふうに、よく meet quota(ノルマを達成する)という形で使います。

Q 10 シビアなボス

ボスの仕事ぶりについて。
「あなたのボスはシビアよね」はなんと言う？

DANGER Your boss is really severe.

こう伝わる！ あなたのボスってほんと、冷酷非道！

OK! Your boss is really strict.
あなたのボスって、ほんとに厳しいよね。

なぜNG? 日本語では「仕事などに関して厳しい」という意味で「シビア」という語を使うことがありますが、英語の severe は、
Hokkaido has really severe winter.(北海道の冬は厳しい) とか、severe heat(酷暑) など、天候などが「厳しい」というときに使います。
注意が必要なのは、人に対して使うと「厳しい」というより「冷酷な」「怖い」「厳格な」という意味になる点。「規律や管理の厳しさ」を表したいなら、strict を使いましょう。

159

Part 5 | そのカタカナ英語、ネイティブは泣きそうです

Q 11 シェイプアップした方がいいよ

ちょっとお腹の出てきた同僚に。
「シェイプアップした方がいいよ」は、どう言う？

🔥 **DANGER** ▶ You'd better shape up.

🗣 **こう伝わる!** ▶ しっかりしろよー！

✋ **OK!** ▶ **You'd better get in shape.**

❌ **なぜ NG?** 「シェイプアップ」は日本語として定着しています。英語の shape up にも「体形を美しくする」という意味がありますが、メンタル的に「しっかりする」という意味もあり、特に命令形（＊ここでは You'd better（…した方がいいぞ、さもないと）も命令形の一種と考えましょう）として使うと、アメリカ人の頭には、

Shape up or ship out!
しっかりしないやつは出て行け！

というイディオムが頭に浮かんでしまいます。誤解を招きたくない場合は、get in shape を使うとうまく伝わります。

◆shape up の例

A: My boss got mad at me for sleeping at my desk.
デスクで寝てたら、ボスにこっぴどくしかられちゃったよ。

B: You'd better shape up.
しっかりしないと、クビになっちゃうよ。

◆get in shape の例

A: I'm going to be in a marathon.
マラソンに出ることにしたんだ。

B: You'd better get in shape.
じゃ、シェイプアップしなきゃね。

Q12 オーバーな話

女友達が「大金持ちと結婚する」という。
「彼女の話はオーバーだからね」はなんと言う?

🔔 **DANGER** Her story is over.

🗣️ **こう伝わる!** 彼女の話は終わってるよ。

✋ **OK!** **Her story is exaggerated.**
彼女の話はおおげさだからね。

161

Part 5 | そのカタカナ英語、ネイティブは泣きそうです

<table>
<tr><td>✕
なぜ
NG?</td><td>「話などが大げさ」なことを日本語では「オーバー」と言います。けれどこれは overreaction「過剰反応」からきたカタカナ英語。話などがおおげさな場合は使えません。be over は「終了する」という意味。話がおおげさな場合、exaggerated（誇張された）を使えば誤解されません。会話ではこんな感じで使います。</td></tr>
</table>

A: It's wonderful that Jane is getting married to such a rich man.

すごいわね、ジェーンったら、すっごいお金持ちと結婚するんですって。

B: Her story is exaggerated.

彼女の話はおおげさなんだよ。

Q 13 万能プレイヤー

走攻守抜群の野球選手の話で。
「彼は万能プレイヤーだね」は、どう言う？

☠ DANGER He's an almighty player.

🗣 こう伝わる! 彼は神のような全能のプレイヤーだ。

🙌 OK! He's an all-around player.

162

×
なぜ
NG? 日本語ではなんでもこなす人を「オールマイティな人」などと言いますが、英語の almighty は God Almighty（全知全能の神）のこと。スポーツ選手などを形容するときには使えません。なんでもこなせる器用さを示したいときに使えるのは **all-around**（万能の、多才な。＊主にイギリスでは all-round とも言います）。**all-around ability**（多才な能力）、**all-around player**（万能選手）のように言います。

A: Why has Wataru done so well?
　ワタルはどうしてあんなにうまくこなせちゃうんだろう？
B: He's an all-around player.
　彼、万能選手だから。

Q14 ムードあるレストラン

彼女との初デート。レストラン選びで困って相談。
「ムードのあるレストランを知ってる？」は、どう言う？

💣**DANGER** Do you know a moody restaurant?

📢こう伝わる！ 気分屋のレストラン知ってる？

163

Part 5 | そのカタカナ英語、ネイティブは泣きそうです

👌 OK! **Do you know a restaurant with atmosphere?**
雰囲気のいいレストラン、知ってる?

❌ なぜ NG?　英語で moody は「不機嫌な、気分屋の」という意味で、人に対して使う言葉です。また mood music は「ムード音楽」という意味ですが、これは「ムード満点の音楽」ではなく、落ち着いたBGMのような音楽のこと。日本語の「ムーディーな感じ」を、場所に対して使うのであれば restaurant with atmosphere(雰囲気がいいレストラン)くらいの言い方が適しているでしょう。

A: I have a date tonight. Do you know a restaurant with atmosphere?
　今日、デートなんだ。ムードのあるレストラン、知ってる?

B: I do. It's near the train station.
　うん。駅の近くにあるよ。

Q15 ドライな男

仕事で割り切った態度の同僚の話をしていて。
「彼ってドライだよね」は、どう言う?

164

🔔 🔔 🔔 🔔 🔔 🔔

💣 **DANGER** ▶ He's dry.

🗣 **こう伝わる!** 彼はのどが渇いている。

👌 **OK!** ▶ He's businesslike.

❌ **なぜNG?** 日本語では「仕事は仕事と割り切った態度」のことを「ドライだ」と言いますが、He's dry. と言うと「彼は渇いている」という意味に受け取られかねません。ちなみに dry は「渇く」の他、「つまらない、ユーモアのない、辛口の(酒)」あるいは「禁酒の」(例：dry town　酒類は一切販売していない町) などの意味があります。

仕事などでの「割り切った態度」を表したい場合は、businesslike、professional のような言葉が適しています。

A: Do you think John will go for a drink with us?
　ジョン、僕たちといっしょに飲みに来るかな？
B: No, he's too businesslike.
　来ないね、彼はすごくドライだから。

Part 5 | そのカタカナ英語、ネイティブは泣きそうです

Q 16 ベビーカーを買った

「息子にベビーカーを買ったんだ」はなんと言う？

DANGER I bought a baby car for my son.

こう伝わる! 息子に赤ちゃん用のおもちゃの車を買ったよ。

OK! I bought a stroller for my son.

なぜNG? baby car は、赤ちゃんが乗って遊ぶおもちゃの車のこと。こんな感じで使います。

My son loves zooming around in his baby car.
息子はおもちゃの車に乗ってブーンと音をたてながら走るのが好きなんだ。

＊zoomは「ブーンと音をたてて走る」という意味。自動車のことを「ブーブー」と呼ぶのと同じような、幼児言葉でもあります。マツダのCMソングでここ何年か使われている zoom-zoom もこれです。ちなみに「ズームイン」も同じ zoom を使った、zoom in。
英語で「ベビーカー」はアメリカでは a stroller、イギリスでは a pushchair と言います。

I took my baby for a walk in his new stroller.
新しいベビーカーでうちの赤ん坊を散歩に連れて行った。

stroller の動詞 stroll は「散歩する、ぶらぶらする」とい
う意味です。

また最近は日本でもベビーカーのことを「バギー」とも
言いますが、これはもともと商標名である「(ベイビー・)
バギー (baby) buggy)」からきたもので、今では一般
名称としてイギリスでもアメリカでも使われます。

Q17 ワンピースで行くつもり

パーティーに着て行く服装について。
「パーティーにはワンピースを着て行くつもり」は、ど
う言う？

DANGER I'll wear a one-piece to the party.

こう伝わる! パーティーには水着を着て行くわ。

OK! **I'll wear a dress to the party.**
パーティーにはワンピースを着て行くわ。

なぜ NG? 「ワンピース」は英語では dress と言います。
one-piece と言ってしまうと、「ワンピースタイ
プの水着」と受け取られてしまうでしょう。

167

Part 5 | そのカタカナ英語、ネイティブは泣きそうです

> Should I get a one-piece or a bikini?
> ワンピースタイプを買おうかな、それともビキニにしようかな？

という感じで使います。

Q18 ツーピースで面接に

就活で、面接試験を終え、
「面接にはツーピースを着て行った」はなんと言う？

DANGER I wore a two-piece to the interview.

こう伝わる! 面接にはビキニで行ったの。

OK! I wore a suit to the interview.
面接にはツーピースを着て行ったわ。

なぜNG? one-piece が「ワンピースタイプの水着」なら、**two-piece** は？こちらも単に two-piece と言うと「ツーピースタイプの水着」つまり「ビキニ」ということになります。詳しく言うと、ビキニはツーピースの一種で、露出度の高いもの、ということ。

ただしもちろん、**two-piece suit** なら、「ツーピーススーツ」という意味。これを単に **suit** と言うことが多い

168

のです。three-piece suit(スリーピース)と区別する必要があるときには、two-piece suit と言いましょう。

Q19 空港でボディーチェックされた

飛行機搭乗の際、金属探知機のブザーが鳴って。
「空港でボディーチェックされた」はなんと言う?

DANGER I was bodychecked at the airport.

こう伝わる! 空港で敵に体当たりされた。

OK! I was frisked at the airport.

なぜNG? 英語の bodycheck はホッケー用語で「敵に体当たりを食らわせる」という意味。

That was the hardest bodycheck I've ever seen.
あれは、これまで見た中で一番激しい体当たりだったよ。

空港などでの「身体検査」という意味の「ボディチェック」には frisk という動詞を使います。

The police frisked the suspect, looking for drugs or weapons.
警官は容疑者をボディチェックして、ドラッグや武器を探した。

Part 5 | そのカタカナ英語、ネイティブは泣きそうです

Q 20 ドライバーでエンジンを直した

「ドライバーでエンジンを直したよ」はなんと言う？

☀️DANGER I fixed the engine with my driver.

🗣️こう伝わる！ 運転手と一緒にエンジンの修理をしたんだよ。

👌OK! I fixed the engine with my screwdriver.

❌なぜNG? 工具の「ドライバー」は、英語では screwdriver と言わなければ通じません。

単に driver と言うと、「運転手」という意味になってしまうので注意！

I asked the driver to slow down.
運転手にスピードを落としてくれるよう頼んだ。

一方、screwdriver はこんな感じで使います。

You'll need a screwdriver to open the computer's case.
コンピュータのケースを開けるにはドライバーが必要です。

Q21 プレイガイドを探してる

劇のチケットを買いたくて。
「すみません、プレイガイドを探してるのですが」はな
んと言う？

DANGER Excuse me, I'm looking for a playguide.

こう伝わる! すみません、劇のプログラムを探しているの
ですが。

OK! Excuse me, I'm looking for a ticket agency.

なぜ NG? 日本語ではコンサートのチケットなどを販売して
いるところを「プレイガイド」と言いますが、英語
で play guide と言うと、「劇のプログラム」という意味
に。

The play guide says there will be two intermissions.
劇のプログラムには、休憩が２回あるって書いてある
よ。

という感じで使います。

「チケットを扱っているところ」は、a ticket agency。
こんな感じで使います。

Pia is one of Japan's largest ticket agencies.
「ぴあ」は日本最大のプレイガイドのひとつだ。

Part 5 | そのカタカナ英語、ネイティブは泣きそうです

Q22 アメリカンドッグをひとつ下さい

アメリカ旅行中、本場のアメリカンドッグを食べようと。
「アメリカンドッグをひとつ、お願いします」はなんと
言う？

DANGER ▶ An American dog, please.

こう伝わる! ▶ アメリカの犬をお願いします。

OK! ▶ **A corn dog, please.**

なぜNG? ソーセージに小麦粉や卵などをまぜた衣をつけ、
揚げたものを、日本では「アメリカンドッグ」と言
いますが、アメリカではそうは言いません。ふつう
corn dog と呼ばれます。アメリカではふつうコーンミ
ール（トウモロコシの粉）を使って作るからです。「アメ
リカンドッグ」を食べたければ、
A corn dog, please. と言いましょう。

アメリカにはアメリカン・コーヒーはない！

アメリカのカフェで、American coffee, please. と言
ったら、ウェイトレスは「ブラジルのコーヒーしか置い
てない」と言って笑うかも。

172

薄めのコーヒーを指すアメリカン。この言葉は日本やイタリアなどではエスプレッソなどの濃いコーヒーと区別するために使われているものの、アメリカでは使われていません。アメリカのコーヒーといえば、ハワイ島で収穫されるコナ・コーヒーが唯一のもの。アメリカではCoffee, please. と言えば、日本人の考える「アメリカン・コーヒー」が出てきます。

ちなみにイギリスにはイングリッシュマフィンはなく、フランスにフレンチフライやフレンチトーストはありません。それぞれの国では、イングリッシュマフィンはクランペット（crumpet）もしくはピケレット（pikelet）、フレンチフライはポム・フリット（pomme frites）と呼ばれています。フレンチトーストはパン・ペルデュ（pain perdu）。これは「無駄になったパン」という意味。つまり古いけれど、フレンチトーストにすれば食べられるということ。

Q23 サンドバッグを買った

仕事のストレスをなんとかしたくて、
「サンドバッグを買ったんだ」は、どう言う？

⚠ DANGER **I bought a sandbag.**

173

Part 5 | そのカタカナ英語、ネイティブは泣きそうです

🗣️ こう伝わる! **砂袋を買ったよ。**

✋OK! **I bought a punching bag.**
サンドバッグ買ったよ。

❌ なぜNG? ボクシングの練習などで使う「サンドバッグ」。英語のようにも思えますが、sandbag は単なる「砂袋」のこと。応急防御用の土嚢という意味にもなります。

We used sandbags to stop the river from overflowing.
川が氾濫しないよう、土嚢を使った。
「サンドバッグ」は a punching bag と言います。

Q24 ワンマン社長

友人に、社長のグチを。
「うちの社長って、ほんとワンマンなんだ」はなんと言う?

💣DANGER **Our president is one man.**

🗣️ こう伝わる! **うちの社長は一人の人間です。**

174

🖐 **OK!** > **Our president is a dictator.**
うちの社長って、ほんと横暴なんだ。

❌ **なぜ NG?** 他人の意見を聞き入れず、自分の思うままに振る舞う人を「ワンマンな人」と言いますが、これは和製英語。one man では「一人の人間」という意味に。「横暴な」は bossy。もっと強く言いたいときは「独裁者」を表す dictator などを使います。

ちなみに She is one-man woman. は「彼女は一人の男性を愛する女性」という意味です。

A: Will your president listen to your proposal?
君の社長、君の提案を聞いてくれるかな？
B: I doubt it. He's a dictator.
ダメだろうね。彼、ワンマンだから。

Q25 ハートフルコメディ

どんな映画を観たのか聞かれて。
「ハートフルコメディよ」はなんと言う？

💣 **DANGER** > It was a heartful comedy.

🗣 **こう伝わる!** 心のこもったコメディだったよ。

175

OK! **It was a heartwarming comedy.**

×
なぜ
NG?
　日本語の「ハートフル」は、「心温まる、愛情溢れる」というニュアンスで使われますが、英語の heartful は「心からの」という意味です。

けれど実際のところ、ネイティブはこの単語を使うことはあまりないのです。そのためこれを hurtful（有害な、傷をつける）だと聞き間違えて、「有害なコメディ？」と勘違いされる可能性も。

「ハートフルな映画」は heartwarming movie と言います。

A: What movie did you see?
　なんの映画を観たの？
B: I forgot the name. It was a heartwarming comedy.
　タイトルは忘れちゃったけど。ハートフルなコメディだったなぁ。

Part 6

グローバル時代の
最新・英語事情

「言葉は生きもの」と言われるように、英語も毎日のように新しい言葉が生まれては、消えていきます。Japanenglishなんて言葉、ご存知ですか？
社会のグローバル化とともに、日々変化する英語の最新事情をご紹介しましょう！

Part 6 | グローバル時代の最新・英語事情

㉑01 Chinglishは世界を変えるか?

Chinglishを知ってますか?

Chinglishという言葉を知っているだろうか?　これは
Chinese＋Englishの造語で、中国語の影響を受けた英
語のこと。「中国や台湾で話されている英語」と考えれ
ばいいだろう。

英語を第2言語として話す中国人は、2億人以上。その
うち小学生くらいの子供が、5000万人あまりを占める
という——つまり、英語を話す中国人の約4分の1は子
供なのだ!

日本でも社会のグローバル化が声高に叫ばれ、英語教育
の低年齢化が進んでいるが、それは中国も同じ。

しかし中国の場合、一部の富裕層が我が子にエリート教
育するのを、国を挙げて後押ししている点で異なる。英
語を話す国民が増えればグローバル社会への仲間入りが
可能となり、中国が世界をリードする足掛かりとなるか
らだ。

「英語を話せること」が中国では優遇され、キャリアア
ップはもちろん、それに応じて収入も増える。一人っ子
政策の影響もあり、両親も我が子が英語を身につけるこ
とに必死だ。

178

子供に海外留学をさせるのは当たり前、最近はそもそも出産自体をアメリカやカナダなどの英語圏でし、国籍をも手に入れようとする親も珍しくない。

しかも聞くところによれば、子供の舌を手術する親さえいるという。「なんのための手術？」と思うかもしれないが、これは英語の発音が良くなるよう、舌を手術するのだ。韓国から始まったブームらしいが、LとR、VとBのような音をうまく発音できるよう、手術するのだという。ここまで来ると、狂信的なものすら感じる。中国の親は、そこまでして子供に英語を身につけさせたいのだ。

中国では、上位10％ほどの富裕層が、総資産の3分の2を所有するという。この富裕層が中国の未来を担い、そのカギとなるのが、英語なのだ。

Japanenglish と言われる日はくるか？

そもそも英語は、ドイツ語などと同じく「喉」を使って話す言語だ。しかし、私の個人的な見解かもしれないが、中国人は喉を使った声ではなく、鼻声に近い音で話すように聞こえる。

アメリカ英語とChinglishの違いは明確だが、中国人は語気も強く、自信満々の態度で話すため、たとえ英語が間違えていても、ネイティブをも説き伏せるだけの説得

Part 6 | グローバル時代の最新・英語事情

力を持つ。そこが日本人英語との、大きな違いだろう。

日本人は、どうしても「間違えてはいけない」という意識があるため、発言に説得力がない。それに比べ中国人は、そもそも完璧な英語を話そうとしていないため、間違いなどまったく気にしない。それより、いかに自分の考えを相手にわからせるかに重点を置き、身振り手振りも交え必死に英語で表現する。その「ガツガツさ」が、後の英語力につながるのだ。

アメリカでは今、中国人留学生が急増している。しかしその目的は、多くの日本人留学生とはやや異なる。日本人がおもに「英語を話せるようになりたい」という目的なのに対し、中国人は「何かを学ぶため」に来る。語学は「目的」ではなく、何かを学ぶための「ツール」なのだ。その意識の差は大きい。

日本では最近、留学する学生が減っているというが、その理由の1つが、そもそも英語を学ぶ「目的の違い」にあるのかもしれない。
Japanese＋English の **Japanenglish** という言葉はまだ一般化していないが、いつかその日がくるのを私は心待ちにしている。

Q02 摂氏と華氏、 世界で使われているのはどっち?

セルシウス(摂氏)VS ファーレンハイト(華氏)

漢字で書くとひどく難しい言葉に見えるが、摂氏と華氏とは、温度の単位のこと。摂氏はセルシウス(Celsius＝℃)、華氏はファーレンハイト(Fahrenheit：°F)で、日本が採用しているのは摂氏、アメリカが採用しているのは華氏だ。

日本とアメリカで温度の単位が違うのは、みなさんも何となくは知っているはず。
歴史的に古いのは華氏で、1724年にドイツの物理学者ガブリエル・ファーレンハイト(Daniel Gabriel Fahrenheit)が提唱し、その名にちなんでファーレンハイトと呼ばれる。沸点は212度(°F)、凝固点は32度(°F)だ。一方、摂氏はスウェーデンの天文学者アンデルス・セルシウス(Anders Celsius)が1742年に考案したもの。沸点が100度(℃)、凝固点が0度(℃)で、日本でもおなじみの単位だ。

では、この摂氏と華氏で、世界的に使われているのはどちらが多いかご存知だろうか?
「アメリカが使っているんだから、華氏」と思う人もい

Part 6 | グローバル時代の最新・英語事情

るようだが、実は、世界的に使われているのは摂氏だ。
単位の不統一は、古くから世界共通の悩みで、1875年
には、メートル法により単位を国際統一する「メートル
条約」まで締結された。日本でもかつては尺貫法を使っ
ていたが、1951年に計量法が施行され、本格的にメー
トル法に移行した。

英語圏でも、20世紀半ばまで華氏を使う国が多かった
が、1960〜70年代、メートル法への切り替えが推奨さ
れた。そのため多くの国が温度を華氏から摂氏へと切り
替えたが、なかなかそれに同調しない国もあった。その
代表が、アメリカなのだ。

100度が平熱!?

私自身、アメリカから日本に来て一番不便を感じたのは、
温度だ。気温、体温、料理のすべての数字が華氏とまっ
たく異なるため、とにかく混乱する。簡単に比較すると、
次のようになる。

	摂氏(℃)	華氏(℉)
凝固点	0度	32度
平均体温	36.5度	97.7度
沸点	100度	212度
オーブン料理の温度	180度	356度

華氏では、人間の平均体温が約100度のため「100度以下なら平熱、100度以上なら熱がある」となり、熱があるかどうかの目安として、非常に便利だ。

しかし、日本人にとっての100度は「水が沸騰する高温」のため、うっかり間違えて「平熱は100度です」なんて言うと、とんでもないことになる。「単位が違うと世界が変わる」と言っても、過言ではないだろう。

アメリカの作家レイ・ブラッドベリは、小説 *Fahrenheit 451*（『華氏451度』）を書いたが、この華氏451度とは、本の「紙」が燃え始める温度のこと。451度は、日本人からすれば「とんでもない高温」のため、この小説をおとぎ話のように感じるだろう。しかしアメリカ人にすれば、華氏451度は「クッキーを焼く温度（約356度）より100度ほど高い温度」のため、よりリアルに本が燃える（焚書となる）温度を感じることができるのだ。

同じ英語圏でも、イギリスやカナダなどは、徐々に摂氏に移行しているようだ。日常生活ではまだ華氏を用いることがあるものの、公の場では、おもに摂氏が使われている。オーストラリアなどは、日本と同じく、ほぼ完全に摂氏となっているようだ。

世界の多くの国が国際単位である摂氏に移行している中、いまだかたくなに華氏を使い続けているのが、アメリカなのだ。

Part 6 | グローバル時代の最新・英語事情

Q03 メートルとフィート、世界で使われているのは?

メートル法 VS ヤード・ポンド法

1875年のメートル条約を機に、ヨーロッパ各国はメートル法に移行していったが、これは簡単に言えば、長さの単位メートル(m)と、質量の単位キログラム(kg)を基準とする十進法の単位体系のことだ。

世界各国に、計量の基準を定めた「計量法」という法律があり、日本でも1966年には全面的にメートル法が施行された。現在では、世界のほとんどの国がメートル法に移行したが、いまだにヤード・ポンド法を用いている国がある。
それが、アメリカだ。ミャンマーもまだヤード・ポンド法を用いているが、2013年にはメートル法への移行が発表された。アメリカのみが、単位の世界統一を頑に拒んでいるのだ。

ちなみにヤード・ポンド法とは、長さはヤード(yard)、質量はポンド(pound)を基本とする単位のこと。1ヤードは0.9144m、1ポンドは0.45359237kgになる。アメフトやゴルフで使われるのはヤード(yard)で、1ヤード=3フィート(0.9144m)だ。

ただし、距離でよく使われるのはマイル（mile）で、1マイル＝1760ヤード（1.609km）。身長などに使われるのはフィート（feet）で、1フット（単数形のfoot）＝12インチ（30.48cm）。1番小さい単位はインチ（inch）で、1インチ＝2.54cmだ。

単位の違いが生んだ悲劇

日本にもう30年近く住んでいるので、さすがに私もメートル法に慣れたが、いまだに頭のどこかではヤード・ポンド法に換算し直している。

国民性もあるのか、日本は単位移行が抜群にうまくいった国の1つだ。実はアメリカも、法律ではメートル法が公式的な単位とされているが、いまだ国民生活に浸透しているとはいいがたい。メートルで何かを言われても、「ピンとこない」のが本音だ。

単位1つでこれだけ数字が違うため、大きな事故まで発生している。航空史上名高い、「ギムリー・グライダー」の事故だ。1983年、カナダのギムリー空港に航空機が滑空状態（グライダー）で着陸した事故だが、これはヤード・ポンド法とメートル法の混用による人為的過失が原因だという。

当時のエア・カナダはヤード・ポンド法からメートル法

Part 6 | グローバル時代の最新・英語事情

への移行の最中で、この機体がシステムで最初にメートル法を用いたものだったという。必要な給油量は2万163リットルだったのに、実際には4916リットルしか給油されなかったのだ！

幸いにして負傷者は出なかったが、一歩間違えば大事故につながったできごとだ。

1999年、アメリカの火星探査機マーズ・クライメート・オービターが火星の軌道で消失したが、この原因もまた、メートル法とヤード・ポンド法による計算ミスだという。プロジェクト内にヤード・ポンド法を使うチームと、メートル法を使うチームが混在したため誤差が生じ、火星探査機は9カ月かけて約6.6億kmを飛行した後、炎上した。

「たかが単位、されど単位」で、火星探査計画をも台無しにするほど、単位の違いは大きいという例だ。

国際化が叫ばれる世の中でも、意外や意外、実はまだこんな基本的かつ重要な部分で、世界標準化は進んでいないのだ。計量法に関して、アメリカは世界の足を引っ張っているといえるかもしれない。

Q04 世界の国が使うのは、サッカー？ フットボール？

サッカー VS フットボール

世界で1番競技人口の多いスポーツは、バスケットボールだという。バスケットが約4億5000万人なのに対し、2位サッカーは約2億5000万人だそうだ。

日本では「サッカー」の呼び名でおなじみだが、ヨーロッパでは「フットボール」が一般的。
では、果たして世界的に見て「サッカー（soccer）」と「フットボール（football）」、どちらの呼び方が主流だろうか？

実は、世界の多くの国で使われているのは「フットボール」で、「サッカー」はごくわずか。圧倒的に「フットボール」なのだ。

そもそも「サッカー」という名は、Association Footballを短くしたのが語源だという。
イングランド発祥のスポーツであるフットボールは、1863年に初めてとなる協会（Association）を設立。その協会のルールに基づいたフットボールをAssociation Footballと呼び、Associationの語を短くしてできたス

ラング「soc」に「…する人」を表わす-erをつけた造語「Soccer」を「フットボールをする人→サッカー」と呼ぶようになったという説がある。

日本の大学サッカー部の名称にも、歴史の名残が伺える。早稲田大学サッカー部の正式名称は、「早稲田大学ア式蹴球部(Waseda University Association Football Club)」。一方、ライバルの慶應は「慶應義塾体育会サッカー部(Keio University Soccer Team)」。早稲田の英語名はFootballだが、慶應の英語名にはSoccerが含まれ、そのアルファベット読みの「ソッカー」が正式名称となっているのは興味深い。

アメリカで「フットボール」といえば?

アメリカで「フットボール」と言えば、それは「アメリカン・フットボール(American Football)」を指す。

「サッカー」という呼び名を使う国の共通点は、「フットボール」を「アメリカン・フットボール」を表わす語として使っていることだ。「フットボール」と「アメリカン・フットボール」では混乱するため、あえてまったく違う音の「サッカー」で使い分けていると考えられる。日本で「サッカー」の呼び名が普及したのは、アメリカの影響によるものだろう。

「フットボール」と「サッカー」の、世界的な勢力図を見ると、ヨーロッパ、ロシア、南米、アフリカのほとんどが、ほぼ「フットボール」であるのに対し、「サッカー」はアメリカやカナダ、オーストラリア、韓国、日本など、数えるほどだ。

ちなみに、日本サッカー協会のHPでは「フットボールとサッカー、どちらが正しいの？」という問いに対し、「どちらも正しいです。現在、国際サッカー連盟（FIFA）には208の国と地域が加盟していますが、『サッカー』を協会名につけているのは、アメリカ、カナダ、ニュージーランド、バージン諸島など少数ではあります」とある。

しかしさらに、「日本では『サッカー』が一般的で、協会も日本語表記では『日本サッカー協会』と"サッカー"を使用していますが、英語表記では『Japan Football Association』と"フットボール"を使っています」と説明している。アメリカとヨーロッパの間で、うまくバランスをとった命名と言えるだろう。

単位法のように、「フットボール」と「サッカー」が共通化される日が来るかは、世界中の誰にもわからない問題だ。

Part 6 | グローバル時代の最新・英語事情

Q05 年度始まりは何月？

日本の「年度始まり」は、4月が一般的だが、世界の多くの国では異なる。

日本では、学校年度（school year / academic year）も会計年度（fiscal year）も4月始まりだが、多くの国ではそれぞれ異なる場合が多い。

ビジネスでよく聞く話だが、外資系企業の決算期は会社ごとに異なるため、思わぬミスを招きやすい。

アメリカでは、1～12月の企業もあれば、6～翌5月のところもある。そのため、自分では1～3月のつもりで「第一四半期」と言っても、アメリカ人の中には1月～3月だと思う人もいれば、6～8月だと思う人もいる。そういった誤解を避けるため、たとえば4～6月をspring quarter（春期四半期）と呼ぶ場合もあるようだ。

日本の学校は、4月に一斉に始まり翌年の3月で終わるが、これは世界的に見てかなり特殊だといえる。アメリカやカナダ、ヨーロッパ、中国など、世界の多くの国では9月にスタートすることが多いからだ。日本の学生が留学しにくいのは、年度事情が足かせになっているという説もあるらしい。

また、日本語では四季を「春夏秋冬」と表現し、春に始まり冬で終わるイメージが確立している。

しかしアメリカでは通常、winter、spring、summer、fallと、冬から言い始める。この辺りも、年度に対する感覚的な違いがあるのだろう。

Part 6 | グローバル時代の最新・英語事情

Q 06 ✓(チェックマーク)はOK? バツ?

日本では、「○」イコール「良し」という認識があるよう
だ。そのため、テストでも正解なら先生が○を付けるし、
行事などへの参加の有無を問われて「参加」であれば○
を書き込む。

しかしそれが、世界では通用しないことはご存知だろう
か?

実はアメリカやヨーロッパ、中国では、何かマークを付
ける際、「×」や「✓」で記すことが多く、「○」の記号は
あまり使わない。そのためテストでも、正解であれば先
生はその解答に「✓」のマークを付ける。

ところが日本はその逆で、テストで「✓」は不正解のマ
ーク、正解なら「○」だ。学校のテストで先生が答案用
紙に大きく「○」をつけたら、日本に来てまだ間もない
アメリカ人の子供が「0点」だと思い、泣き出したという
話も聞く。
最近は、海外で作られたテスト問題などもオンラインで
簡単に受けられるが、日本人が挑戦して「✓」ばかり付
いてショックを受けた、という話も耳にしたことがある。
「✓」や「×」のマークはどうも日本人に印象が悪いが、

192

アメリカではプラスのイメージになることが多い。

ちなみに、「××ｘ」は何のマークかわかるだろうか？
実はこれ、キスマークだ。手紙やメールの末尾に書き、
相手への親しみを表わす。「×」が多ければ多いほど、
好意を寄せていることになる。アメリカではおもに恋人
への手紙に書かれるが、イギリスでは親子や友人同士で
も使われる。

時に、「ｘ○ｘ○ｘ○ｘ○」というマークを見かけるか
もしれない。この「○」はハグを表わすため、「今すぐキ
スして抱きしめたいほど愛してる！」という意味に。同
じ記号でも、国によって解釈はさまざまに変わる。

Part 6 | グローバル時代の最新・英語事情

Q07 宗教と文化のグローバル化

誰もが何でも食べられるわけではない！

日本で働く外国人が増えているが、接待や食事を共にする際に気をつけたいのが、食事の禁忌だ。

単なる嗜好の問題だけでなく、アレルギーや宗教上の理由で食べられない物を、あらかじめきちんと確認しておくのがマナーとされる。それにはひと言、

Is there anything you can't eat?

（何か食べられない物はありますか？）

とたずねればOK。これならどんな理由であれ、自分が食べられない物を教えてくれるはず。

日本人には意外かもしれないが、実はかなりの宗教で、食べ物の禁忌がある。代表的なものを紹介しよう。

たとえばイスラム教では、豚肉を食べることが禁じられている。

また、豚肉の調理に使ったのと同じ調理器具で作った料理も禁じられ、たとえ鶏肉や牛肉でも、イスラム教のルールに従って屠殺されたものしか食べてはいけない。

194

このように飲食が禁じられたものを「ハラム（Haram）」と呼び、肉食動物や爬虫類、アルコール、またアルコールが添加された醤油や味噌も、ハラムに該当するため食べられない。

また、ユダヤ教には「カシュルート（Kashrut）」という食に関する厳格な規定がある。四本足の動物で、蹄がすべて分かれた反芻動物は食べられるが（牛、羊、ヤギなど）、蹄の分かれていない動物や、草食動物は食べられない（豚、ウサギ、ラクダなど）。

鳥では、ニワトリやハトは大丈夫だが、猛禽類（鷲、鷹、鳶など）やカラス、ダチョウ、フクロウなどは食べられない。

水中の生き物では、ヒレとウロコのあるものは食べられるが（日本で一般的に食べられている魚）、甲殻類やイカ、タコ、貝類は食べられない（海老、カニ、鰻など）。

さらに、ヒンズー教では牛を食べることが禁じられ、肉食自体を避ける人が多いため、ベジタリアンが多い。

宗教と食事を理解する

このように、宗教ごとにさまざまな食の禁忌があり、すべてを把握するのは非常に困難だ。調理器具や屠殺法などは、見た目だけではわからないため、宗教ごとに認定

Part 6 │ グローバル時代の最新・英語事情

マークで判断できるようになっている場合が多い。

たとえばイスラム教では、イスラムの教えを遵守した食品を「ハラル（Halal）」と呼び、検査に合格したものにはハラル認定のマークを付けている。

一方、ユダヤ教の教えに基づいた食事は「コーシャーミール（Kosher meal）」と呼ばれ、KやUのマークが目印として付けられている。原材料はもちろん、製造プロセスのすべてをユダヤ教の聖職者ラビが検査し、合格したもののみに認定マークを付与する。かなり厳しい検査だが、驚くことに、日本酒のメーカーでコーシャー認証を受けている所もあるそうだ。

イスラム教徒は世界の約4分の1を占めるとされ、グローバル化を目指すには、日本の食品メーカーもハラルを無視できなくなっている。
グローバル化は、相手の文化や宗教も理解する所から、第一歩が始まるのかもしれない。

Q08 兄弟について聞く

上か下か?

子供に英語を教えていて「brotherはお兄さんですか、それとも弟ですか?」とよく聞かれる。同様に「sisterはお姉さんですか、妹ですか?」という質問もある。

アメリカ人や、ヨーロッパの人にしてみれば、「なぜそんなに『上か下か』が重要なのか?」と意外に思うはずだ。

実は欧米では、兄弟姉妹の何番目かということに、あまりこだわりがない。そのため「兄」「弟」「姉」「妹」に相当する単語はなく、Bob's brotherというように「○○のbrother/sister」と表現するのが一般的だ。
あえて「兄」と言うならolder brother、「弟」と言うならyounger brotherとなる(姉妹なら同様に、「姉」がolder sister、「妹」がyounger sisterだ)。
とはいえ、通常はolderやyoungerを付けないで表現するため、特にこちらから聞かない限りは、「兄か弟か」、「姉か妹か」はわからない。そもそも「上か下かは気にしない」のが、欧米流だからだ。

日本人が、何番目の兄弟かを気にすることから生まれた

197

単語もある。それが No.1 brother、No.2 brother... というもので、もしアメリカ映画でこういうセリフが出てきたら、それは日本人（もしくはアジア人）らしさを表現する、演出のひとつだと考えていいだろう。

また、兄弟の人数を言う際、日本語では「自分も入れた人数」を言うが、英語では「自分を除いた兄弟の人数」を言う。どういうことか、次の英文で見ていこう。

How many brothers and sisters do you have?

これを「あなたは何人兄弟（姉妹）ですか？」と解釈すると、間違いになる。「あなたは、何人の兄弟姉妹がいますか？」と考え、「自分を除いた兄弟姉妹の数」を答えるのが正解だ。

I have two brothers and one sister.

こう答えれば、「私には兄弟が2人、姉妹が1人います」（だから私を含めれば4人です）ということになる。「兄弟姉妹の数＋自分」が全兄弟姉妹の人数となるからだ。

家族は何人？

では、家族の人数を聞く際は、どうたずねればいいだろうか？　先ほどの兄弟の人数を聞く英文から、よく

× How many families do you have?

とたずねる日本人がいるが、これはNGだ。正しくは、次の英語だ。

○ How many people are there in your family?

また、こう聞かれて「5人家族です」と答える場合、

There are five people in my family.

となり、この場合は「自分も含めた人数」で答える。

家族という身近な存在に関しても、文化によりその表現は異なることを覚えておこう。

Part 6 | グローバル時代の最新・英語事情

Q09 主食は何ですか？

日本人の主食は何？

実際に友人が経験した話だ。

アメリカでホームステイをしていたところ、ある日ホームステイ先のお母さんが、「日本食が恋しいでしょう」と、ライス（rice）を用意してくれた。

しかしテーブルに並んだものを見て、びっくり！　なんと、ライスと一緒にシュガー、牛乳、シナモンが並んでいたのだ…。「ライスをどうやって食べるのか知らないんだな」と思い、ふとお母さんを見ると、何とそれらを全部ライスにかけて、おいしそうに食べていたという…。

お米を主食とする国と、そうでない国とでは、「米」に対する考え方がかなり違うのだ。

では、世界でもっとも米を多く食べるのは、どの国だろうか？

残念ながら、1位は日本ではない。何と、東南アジアのバングラディシュで、1日におにぎり10個分以上を1人が食べているという。

以下、ラオス、カンボジアと東南アジア諸国が続き、日本は50位だ（トリップグラフィックスより。http://

tg.tripadvisor.jp/news/graphic/eatrice/)。
ちなみに韓国は15位、中国は17位。米の生産量では中国が1位、インドが2位であるため、生産量と消費量が比例するわけではないようだ。

とはいえ日本の人口は、世界10位（2014年調べ）で約1億2700万人。8位のバングラディシュより少ないものの、これだけの人口がいて、消費量が50位というのはちと寂しい…。

アメリカ人の主食は何？

一方、一般的なアメリカ人にとっての「米＝ライス（rice）」は、主食ではない。サラダ感覚でライスをメインディッシュに添えたり、さきほどのホームステイ先のように、シリアル代わりに食べることもある。そのため、牛乳やシュガー、シナモンをかけるのも抵抗がない。

おそらくこれを見て「えーっ！」と驚くのは、日本人が豆を甘く味つけして食べるのを、アメリカ人が見るのと同じ感覚だ。アメリカ人にとって、豆は主食に近いもので、おもに塩系の味つけをして食べるもの。そのため金時豆の甘煮のように、砂糖で煮て食べるなんてことは、想像外なのだ。

Part 6 | グローバル時代の最新・英語事情

ちなみに世界で主食となる作物を見ると、小麦、米、トウモロコシが３トップを占め、世界の人口の約半分が米を主食としている。米はおもにアジアで、小麦はヨーロッパで、そしてトウモロコシは南米や中央アフリカ等で消費されているという。

それでは、アメリカ人にとっての主食とは、何だろうか？実は、多民族国家であるアメリカには「これが主食」と言い切れるものはない。家庭ごとに、ルーツとなる文化がどこに由来するものかで、主食も変わる。主食がパンだという家庭もあれば、じゃがいもの場合もある。また、豆やパスタを主食にする家もあり、さまざまだ。

最近はアレルギー問題も数多く見られ、小麦アレルギーのために、主食を小麦から米に変えたというアメリカ人もいる。

ちなみに、時に日本人は、昼食でパンケーキや目玉焼きを食べたり、ポテトサラダをサンドイッチに挟んだりするが、これもアメリカ人には違和感がある。なぜならアメリカ人にとって、パンケーキや目玉焼きはあくまで朝食の食べ物であり、マッシュポテトとパンを一緒に食べるのは、うどんとご飯を一緒に食べるようなものだからだ。

同じ食材といえど、国により食べ方や、その食材のとらえ方は違う。言語と同じく、「世界共通のものはない」と考えるのがいいだろう。

Q10 世界の共通語は何？

アメリカの公用語は？

世界の共通語として使われている言語は、何だろうか？
この質問の正式な答えはないが、おそらく多くの人々が
「英語だ」と考えるはずだ。

母語話者の多い言語を順に挙げていけば、1位中国語、
2位英語、3位ヒンディー語となる。人口の多さもある
だろうが、中国語が世界の約13.2%を占めるのに比べ、
2位の英語は4.7%にすぎない。
しかし公用語として話されている言語では、英語が世界
一となる。インド、カナダ、ケニア、ジャマイカ、シン
ガポール、ナイジェリア、フィリピンなど、58カ国と
21の地域が、英語を公用語として採用しているのだ。

ここで疑問に思った人は、鋭い人だ。そう、英語を公用
語としている国に、アメリカ、イギリス、オーストラリ
アの名前がない。
実はこの3カ国は、事実上の公用語ではあるものの、国
として「英語＝公用語」と定めてはいないのだ。
アメリカを例に挙げてみれば、50州のうち22州で公用
語を定めていない。というのも、アメリカで「英語のみ」

203

Part 6 | グローバル時代の最新・英語事情

を話す家庭は8割あるものの、「スペイン語のみ」の家庭も1割を越え、徐々にヒスパニック系(ラテンアメリカ出身者)の割合が増えている。公用語を定めれば、「それしか使ってはいけないのか」と反発を呼ぶこともあり、あえて決めないというのが大方の見方のようだ。

英語話者数を国別で見ると、1位はアメリカで全体の約3分の2を占める。2位がイギリス、3位がカナダ、そして4位がオーストラリアとなる。大方の人が予想する「英語大国」の順位も、これと同じようなものだろう。

英語は世界の共通語?

しかし今アメリカで、英語の座は揺らぎつつある。ヒスパニック系が人口に占める割合が増えていることもあり、スペイン語の影響が社会全体で強くなっているのだ。非ヒスパニック系のアメリカ人も、バイリンガルとまではいかないものの、頻繁にスペイン語を使うようになっている。

大方の予想では、あと数十年ほどで、アメリカで白人は少数派になるという。その一方で、ヒスパニック系はカトリックが多く、子だくさんのため、さらに人口は増え続けるはずだ。そうなれば「スペイン語が話せなければできない仕事」も出てくるだろうし、世界的なスペイン

語の影響力も増すだろう。そしていつの日か、アメリカの実質的な公用語の座もスペイン語に取って代わるはずだ、と考える人がいるのも事実だ。

言葉は生ものであり、常に変化している。今は「たまたま」英語を話す人が世界的に多いが、いつまでそれが続くかわからない。「世界の共通語＝英語」と考えるアメリカ人は、外国人が思うほど多くはないはずだ。

そもそも「基準となる英語」は、どの国で話されている英語を指すのだろうか。アメリカ英語とイギリス英語でも、かなり違う。また、イギリス人同士でも、なまりが強いと何を話しているかわからない場合があるという。基本形としての英語はあるものの、国によりさまざまに発展している状態だ。

個人的に、「言葉は通じればhappy」くらいの気持ちでいいと思う。「日本は日本で、独自の英語（Japanenglish）が発達してもいいのではないか」と考えるのは、私だけだろうか？

本書は2011年に刊行された『その英語、ネイティブはハラハラします』
(青春新書インテリジェンス)に大幅に加筆・再編集を加え文庫化した
ものです

青春文庫

その英語ネイティブはハラハラします

2015年8月20日　第1刷

著　者　デイビッド・セイン
発行者　小澤源太郎
責任編集　株式会社プライム涌光
発行所　株式会社青春出版社

〒162-0056　東京都新宿区若松町 12-1
電話 03-3203-2850（編集部）
　　 03-3207-1916（営業部）
振替番号 00190-7-98602

印刷／大日本印刷
製本／ナショナル製本
ISBN 978-4-413-09626-3
©David Thayne 2015 Printed in Japan

万一、落丁、乱丁がありました節は、お取りかえします。

本書の内容の一部あるいは全部を無断で複写（コピー）することは
著作権法上認められている場合を除き、禁じられています。

| ほんとうのあなたに出逢う | 青春文庫 |

実用寸前のすごい技術

医療・食品・通信・ロボット・乗り物・宇宙…

話題の達人倶楽部[編]

医療用3Dプリンター、人造肉ステーキ、無人飛行機、宇宙エレベーター…ここまで進んでいたのか！

(SE-620)

ジャニヲタあるある＋

みきーる[著] 二平瑞樹[漫画]

「トロッコが来たと思ったら、直前で後ろを向く自担」「録画してても、今見たい！」…LOVEと涙の"ヲタのバイブル"が文庫化！

(SE-621)

その後の結末

日本史の舞台裏

歴史の謎研究会[編]

厳流島の決闘後の宮本武蔵の行方、新選組隊士それぞれのたどった軌跡…知られざる運命のドラマに迫る！

(SE-622)

色鉛筆は丸いのに
鉛筆はなぜ六角形？

みんな使ったことがあるのに意外と知らない「形の不思議」

知的生活追跡班[編]

クリアファイルの下にある三角の切れ込み、三角定規の穴は何のためにある？知恵と工夫の「へぇ」がいっぱい

(SE-623)